mini pouch & bag

大人に似合う
ミニバッグとミニポーチ

ハンドメイド作家
はりもぐら。

Contents
もくじ

はじめに……4

本書の使い方 ……5
本書について

基本の道具……6
よく使う材料……7
布の種類……8

作り方の基礎……9
製図の見方と印つけ
接着芯を貼る
手縫い・しつけをする
ミシンで縫う
ファスナーについて
バイアステープの作り方

おすすめのSHOP……12

大人かわいいミニポーチ

 A　懐かしい形のミニポーチ……14

 B　バイアステープのミニポーチ……20

 C　小さな布で作るミニポーチ……28

 D　コロンとかわいい台形のポーチ……34

 E　バッグみたいなミニトートポーチ……40

 F　かぼちゃみたいなポーチ…45

Column 01　布の組み合わせ方……27

mini bag

大人が持ちたいミニバッグ

 G 巾着風のミニミニバッグ……54

 H ハンドルつきミニ巾着バッグ……60

 I ミニミニワンハンドルバッグ……65

 J おさんぽミニバッグ……71

 K ダーツ風マチのミニバッグ……76

 L 外ポケットの小さなポシェット……84

 M ヌビキルトで作るミニバッグ……90

 N 保温・保冷ができるランチバッグ……96

Column 02　布や道具の収納方法……83

 O ミニじゃないSPECIAL
ちょっとしたおでかけに
三日月ショルダーバッグ……103

Introduction
はじめに

　子どもに作ったバッグの余り布を使って、思いつきでできたミニサイズのバッグ。やがて色や柄を替え、いくつも作って並べては、そのかわいらしさのとりこになっていきました。

　私がYouTubeを始めたころ、ファッションとしてのミニバッグがブームとなっていました。私もミニサイズの布小物のレシピを動画にし、それが多くの方に私のことを知ってもらえるきっかけとなりました。

　本書は、これまでに配信したレシピの中から、ミニサイズで人気の高いものを選んで掲載しています。初めて作る人にもわかりやすいように、プロセス写真やイラストで丁寧に解説しています。

　また、すべての作品は動画で手順を確認できます。ひとつ作ったらまたひとつ作りたくなる「ミニ」のかわいさを、味わっていただけたらうれしいです。

はりもぐら。

本書の使い方

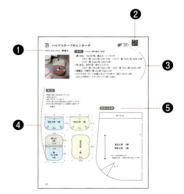

❶ **難易度** Difficulty level
　★☆☆かんたん　　★★☆ふつう
　★★★むずかしい

❷ **作り方の動画（YouTube）**　YouTubeに動画があります。必要な方はアクセスしてご覧ください。

❸ **材料**　作品で使う材料を記載しています。布やひもなどのサイズは大きめ（長め）に記していますが、念のために余裕をもってご準備ください。

❹ **製図**　作品で使用するパーツのサイズを記載しています。裁断の際の注意点も書いています。

❺ **実物大型紙**　実物大型紙がある場合は、ここに載せています。この本をコピーするか透ける紙に写してお使いください。

すべての実物大型紙と、サイズバリエーション違いの型紙を、ワニブックスのオフィシャルサイトでダウンロードできます。
URL https://www.wani.co.jp/harimogura-download.pdf

本書について

- 紹介している作品のデザイン・作り方は著者オリジナルのものです。
- YouTube上の作り方動画と、この本の作り方で一部異なるものがあります。
- この本の型紙や作り方を参考にして製作した作品について、
　個人において販売することは可能です
　（販売の際は、商用不可の布を使用しないようにご注意ください）。
　ただし企業による営利目的の販売は禁止です。
　また、トラブルが起こった際の責任は負いかねます。
- 型紙、記事の無断転載、作り方自体を販売することは禁止します。
- 動画のご視聴や型紙のダウンロードにはインターネット接続が必要です。
　また、別途通信料がかかります。
- 動画の閲覧サービスは、予告なく終了することがございます。
　あらかじめご了承ください。

基本の道具

本書の作品を作るために必要な道具、あると便利な道具

トレーシングペーパー、ハトロン紙、厚紙、クリアファイル

型紙を写すときは透ける素材がおすすめ。繰り返し使う型紙は、厚紙だと長持ちしやすいです。

おもり、ペン、定規

型紙を作ったり、布に印をつけるときに。おもりは布の上の型紙がずれないように置きます。

カッター、クラフトばさみ、糸切りばさみ、裁ちばさみ

紙、糸、布、それぞれ専用のはさみを使います。カッターは裁断時にずれにくく、きれいに切れます。

ピンクッション、縫い針、ミシン針

針はピンクッションに刺しておくと、効率的に作業ができます。

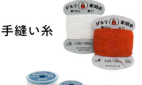

手縫い糸 / ミシン糸

布の色に合わせて、複数色あるといいでしょう。本書でミシン糸は60番の糸を使用しています。

マチ針、仮止めクリップ

布と型紙や、布と布をとめたりします。

縫い代のライン引き

縫い代のない型紙に、縫い代をつけるときに便利。写真はクロバー製「ぬいしろライナー」。

ミシン、アイロン

ミシンは、本書では直線縫いに使っています。アイロンは接着芯を貼ったり、縫い代を倒したり、形を整えたりします。

（ハンディ）
（卓上手押し）

プラスチックスナップ専用打ち具

プラスチックスナップボタンを取りつける専用器具。ハンディか卓上手押しか、どちらか1つあればいいです。

マスキングテープ、布用スティックのり

タグやポケットに仮止めをするのに使えます。

目打ち

布に穴をあけたり、縫ってから表に返したあとの角を整えたりするときに。

ゴム・ひも通し

穴にゴムやひもを通し、ひも通し口に入れます。

よく使う材料

ポーチやバッグを作るときに活躍する資材、パーツなど

接着芯
布のうらにアイロンで接着し、布にハリを持たせたり、薄手の布を補強したりします。

キルト芯
布に中綿を接着するもの。ふんわりとした厚みがあります。

バイアステープ
布目に対して45度の角度で細く裁断した布。装飾や布端をくるんだり、縫い代を始末したりします。

ファスナー
ポーチやバッグの開け閉めに便利。金属ファスナーや、樹脂製で長さを調整しやすいコイルファスナーがあります。

手芸ひも、コード
巾着の口を閉じるのに使います。素材や太さなど種類は様々。

Dカン、送りカン、角カン、ナスカン
ストラップを通すためのバッグ用金具。

Dカンつき持ち手
Dカンとセットになったストラップ。

ショルダーストラップ
ショルダーバッグに使うひも、ベルト。

PPテープ、アクリルテープ、ポリエステルテープ
バッグの持ち手に使うカバンテープ。強度や風合いが異なります。

綾テープ
ファスナー端の始末や、縫製部の補強、タグの代わりなどに。

タグ
ポーチやバッグのワンポイントにつけると、アクセントになります。

マグネットスナップ、プラスチックスナップ
ポーチやバッグの開閉に。凸と凹を合わせてピタッととめるスナップボタン。

布の種類

本書作品に使用した布。色や柄、厚さなど多種多様

オックス

適度なハリがあり、初心者にも扱いやすい布。

シーチング

オックスより薄手で、シーツなどの寝具に使われています。

ブロード

密度が高く、強度があるのが特徴。シーチングより薄手。

ローン

春夏用のブラウスなどに使われる、ブロードより薄手の布。

ツイル

糸密度を上げて織った肉厚で丈夫な布。しわになりにくい。

綿ポリエステル

綿（コットン）と合成ポリエステル繊維の混紡素材。水通し不要。

綿麻キャンバス

綿と麻の混紡素材。太番手の糸を使用した厚手の布。

キルト

2枚の布の間に、薄い綿（わた）を入れて縫った（キルティングした）もの。

ビエラ

コットンやウールを綾織で織った布。表面が起毛している。

保温・保冷シート

ミシンで縫えるアルミシート。写真はキルティングされているもの。

布目の見方

布には横地と縦地があります。
布端を引っ張って、伸びるのが横。伸びないのが縦です。

＊本書の製図・型紙にある ↕マークは、縦地の印です

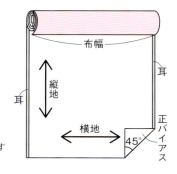

水通しの方法

布のゆがみを整え、洗濯後に縮むことを防ぐために、必ず行いましょう。

1. 大きめの桶に水を張り、布を軽く押し洗いするように水に浸け、大きめにたたんで1時間程置きます。
2. 軽くたたくように押して、水を抜きます。洗濯機で1〜2分脱水してもいいです。
3. 布を開いて陰干しをします。
4. 半乾きの状態で取り込み、横地、縦地に沿ってアイロンをかけます。

作り方の基礎

布の印つけ、裁断や縫製、資材の扱い方など

製図の見方と印つけ

作品ごとに記載した製図・型紙を布に写す方法

（製図例）

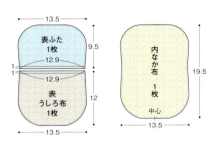

記載しているサイズ（単位はcm）を参考に布を用意します。材料欄の布やテープ、ひもは大きめ（長め）に記載しています。

◎布に直接線を引く

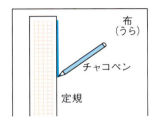

定規とチャコペンなどを使って、製図に書かれたサイズ通りに、布に印をつけます。

◎型紙を作る

本の型紙の上にトレーシングペーパーなど透ける紙をのせて写したあと、はさみで切ります。

型紙が「わ」になっている場合

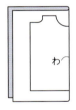

布を2つ折りした折り目の部分に、型紙の「わ」を合わせます。

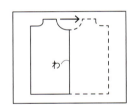

または、型紙の半分を写したあと、反転させて逆側も写します。

一定方向の柄布の場合

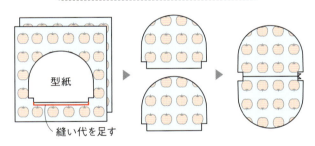

向きが定まっている柄布を「わ」にして裁断すると、逆向きになることがあります。そのときは布を2枚にし、「わ」の部分に縫い代を足して裁断。2枚を縫ってつなげます。

接着芯を貼る

布の厚さと仕上がりイメージに合わせ、厚みや硬さを選びます

1 接着芯は布と同じ大きさか、それより少し小さく、またはできあがりサイズに切り、布のうらに置きます。

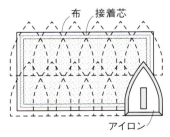

2 アイロンは滑らせずに、押さえるようにしながら位置を変えて全体にかけます。

手縫い・しつけをする　布と同じ色の手縫い糸（1本どり）で行う基本的な方法

◎玉むすび

人差し指に糸を巻き、糸をねじるようにして人差し指を抜き、逆の糸を引いて玉にします。

◎玉どめ

糸の出口横に針を置き、糸を数回巻きつけてから下に引いて針を抜き、玉にします。

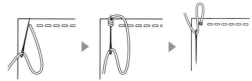

◎まつり縫い（縦まつり）

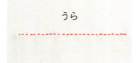

①折り山の際から針を出し、
②すぐ上の布のうら側に針を入れ、
③小さくすくって針を出し、
④少し先の折り山の際から針を出して、繰り返します。

◎千鳥がけ（右利きの場合）

①折り山のうらから針を入れて出し、
②布端から0.5cm程のところに針を入れ、
③小さくすくって針を出して、
④右に進んだ先の折り山に針を入れ、
⑤小さくすくって針を出し、繰り返します。

◎コの字縫い

①折り山の上から針を出し、
②反対側の折り山に入れ、
③一目すくって出し、
④折り山に針を入れ、
　繰り返します。

◎しつけ縫い

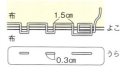

ミシンで縫う位置より内側を縫います。
表側に1.5cmほどの大きい針目、うら側に0.3cmほどの小さい針目が出るように縫います。縫い始めと縫い終わりは1針、返し縫いをします。

◎マグネットスナップをつける

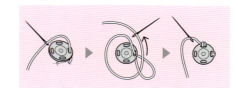

針を出してボタンの穴に通し、通した糸の輪に糸を通して斜め上に引きます。1穴につき数回繰り返し、すべての穴に行います。

ミシンで縫う

本書で紹介する直線縫い、その基本的な縫い方

◎基本の縫い方

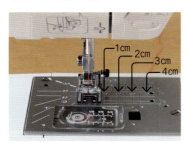

ミシンには、針板スケールがあり、針からの距離が示してあります。布端を縫い代の寸法の位置に合わせて縫います。

◎マチ針のとめ方

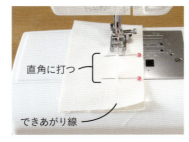

マチ針は、できあがり線に対して直角に打ちます。生地がずれないように、布を0.2〜0.3cmすくうようにしてとめます。

◎縫い始めと縫い終わり

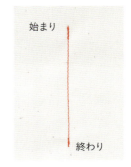

始まりと終わりは、1cmほど返し縫いをしてほどけないようにします。

◎狭い袋口などを縫うとき

フリーアームがないミシンや、フリーアームに袋口が収まらない場合は、筒状のまま輪の内側を縫います。

◎カーブを縫うとき

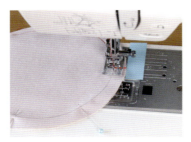

縫い代の位置に付箋を貼り、付箋の端とミシン針の横の縫い代が平行になるように意識して縫います。

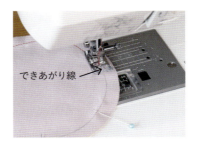

また、できあがり線が押さえの間に来るように目視しながら、ゆっくりと縫う方法もあります。

ファスナーについて

各部位の名称を覚えておきましょう

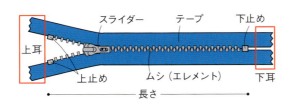

上止めから下止めまでの長さがファスナーのサイズです。

バイアステープの作り方

市販のものも便利ですが、好みの布でも作れます

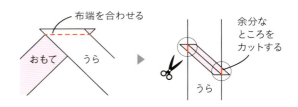

4〜4.5cm幅でバイアス方向に布を裁断し、長くするときはテープ端にもう1枚のテープ端を中表に重ねて縫います。開いてうらに返し、はみ出たところをカットします。

はりもぐら。
おすすめのSHOP

私がよく購入している布や資材、道具などのお店をご紹介します。

● 布

布・生地の通販 キジキジ
個性的で素敵な、大人向けの布が
たくさんあります。
URL　https://www.kiji-kiji.com/

Jumble shop one
おしゃれでかわいい輸入布が
たくさん見つかります。
URL　https://www.jumbleshop-one.com/

大塚屋ネットショップ
すべての布が商用利用可能で、
安価な布も多数あります。
URL　https://otsukaya.co.jp/store/

手芸・生地・洋裁の ホビー家コテツ
種類豊富な布のほか、
接着芯などの副資材も揃います。
Instagram　@hobby_ya_kotetsu

生地布地の専門店 nunozuki
シックで大人っぽい柄や、
無地布のカラーリングが豊富。
Instagram　@nunozukishop

nunocoto fabric
商用利用可能。個性的なデザイナーズ
ファブリックを購入できます。
URL　https://www.nunocoto-fabric.com/

● 副資材

手作り工房 My mama
おしゃれでかわいい、幅広いジャンルの
手芸資材が手に入ります。
Instagram　@tedukuri_my_mama

● タグ

haskypower
刺しゅう、プリント、合皮タグなど、
オリジナルのハンドメイド用タグのお店。
URL　https://haskypower.ocnk.net

ハンドメイド Beads happyboo
オリジナルタグのほか、
レース、ボタンなどの副資材もあります。
URL　https://www.rakuten.co.jp/happyboo/

● 道具

株式会社 ベステック
ソーラインシリーズをはじめ、
布にきれいな線が描ける裁縫用ペンなど。
URL　https://sewline-product.com/

クロバー 株式会社
ハンドメイド品の手作り総合メーカー。
「ぬいしろライナー」を愛用しています。
URL　https://clover.co.jp/

mini pouch

大人かわいい
ミニポーチ

手のひらサイズのミニミニポーチから、
バッグインバッグとしても活用できそうなミニポーチまで、
サイズも形もバラエティー豊かに集めました。
使う材料も、バイアステープやファスナー、ボタンと様々。
作りたいな、と思ったものからトライしてみてください。

A
懐かしい形の
ミニポーチ

Difficulty level ★☆☆

ミシンと手縫いとで仕上げる、どこか懐かしい形のミニミニポーチです。手のひらサイズがかわいくて、ついたくさん作りたくなります。いつもとは違う場所に座って、のんびり手縫いをするのもいいですね。

丸くてレトロな貝殻形。
口が大きくて使いやすい。

マチは4cm。自立するので安定感があります。

中は手縫いメイン。丁寧に仕上げます。

A 懐かしい形のミニポーチ

Difficulty level ★☆☆

材料　*いちご柄の場合（写真）

- 表布…シーチング〔横14cm×縦22cm〕×1枚
- 内布…シーチング〔横14cm×縦22cm〕×1枚
- 接着芯…中厚手〔横14cm×縦22cm〕×1枚
- キルト芯…好みの厚さ〔横14cm×縦22cm〕×1枚
- バイアステープ…11mm幅ふちどり（4つ折り）〔長さ75cm〕
- ファスナー…1本〔長さ14cm〕

製図

*型紙に縫い代は含まれています
*単位はcmです
*表布、キルト芯、内布の中心に合印をつけます
*表布のうらに接着芯を貼ります

接着芯

実物大型紙

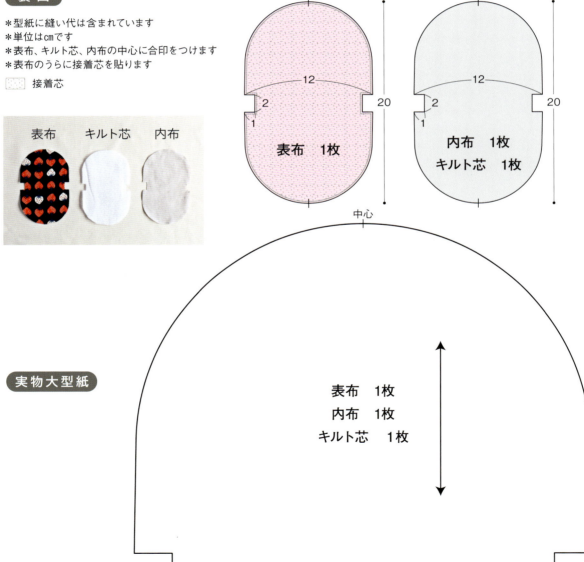

準備

ファスナーのうらに中心線を書く。

作り方

（注）ここでは、わかりやすいように赤い糸を使用しています。作品を作るときは布に近い色の糸がおすすめです。

1 表布、キルト芯、内布を縫い合わせる

1　キルト芯を挟んで、内布と表布を外表に重ねる。

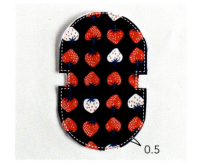

2　端から0.5cmのところをぐるりと縫う。

2 バイアステープをつける

1　内布側に、広げたバイアステープを中表に重ね、写真のように底から底までのせる。

カーブは0.3cm程の切り込みを入れて沿わせる

2　折り目の少し外側を縫う。

3　もう片方も同様にバイアステープをのせて縫う。

4　バイアステープで端をくるんでふちどりをする。

5　折り目の端から0.2cmのところを縫う。

3 ファスナーをつける

バイアステープとファスナーのムシ部分が接するように重ねる

1 内布を上にして、中心を合わせてファスナーを中表に重ねる。

2 ファスナーの耳の端を三角に折り込む。

＊YouTube動画では千鳥がけをしています

3 ファスナーのムシの下から0.4cmのところを、手縫いで本返し縫いをする。

4 ファスナーの下端にまつり縫いをする。

＊くわしい縫い方は10ページをご参考に

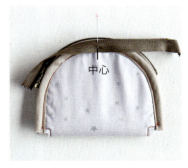

5 内布側を外にして、半分に折る。

6 ファスナーを開け、ファスナーの反対側と内布の反対側を中心で合わせる。

7 2〜4と同様にファスナーの耳を折り込み、ムシの下から0.4cmのところに手縫いで本返し縫いをし、下端にまつり縫いをする。

4　脇を縫う

1　ファスナーの止め具の位置を合わせる。

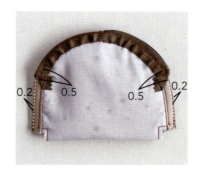

2　止め具から0.5cmあけて、ミシンで両脇を縫う。

5　マチを縫う

1　脇と底の中心を合わせて重ねる。

2　マチにバイアステープ7cmを広げて中表に重ね、端から1cmのところを縫う。

3　もう片方のマチも同様に縫う。

4　余分なマチの縫い代を0.7cm残して切り、バイアステープはマチを包める長さを残して切る。

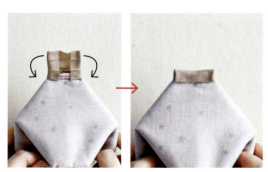

5　バイアステープの両端を中央に向かって倒し、三つ折りにして縫い代をくるむ。

6　まつり縫いをするか、際をミシンで縫って、もう片方も同様に行う。おもてに返す。

できあがり

B バイアステープの
ミニポーチ

Difficulty level ★★☆

テープのふちどりが印象的。
布の組み合わせも楽しめる。

左／袋の深さは10cm超え。小さく見えて収納力◎。右／袋部分の後ろ（表うしろ布）と、ふた（表ふた）の布が違ってもかわいい。

バイアステープを使った、ふたつきのミニポーチです。4枚の布を接ぐので、遊び心のある布合わせが楽しめます。小さすぎず、大きすぎないサイズが使いやすく、小さなバッグに入れてもかさばりません。

B バイアステープのミニポーチ

Difficulty level ★★☆

材料　＊りんご柄の場合（写真）

- 表（まえ、うしろ）布、表ふた…シーチング
  〔まえ：横17cm×縦14cm〕×1枚　〔うしろ：横16cm×縦14cm〕×1枚
  〔ふた：横16cm×縦12cm〕×1枚
- 内（まえ、なか）布…綿ポリエステル
  〔まえ：横17cm×縦14cm〕×1枚　〔なか：横16cm×縦22cm〕×1枚
- 接着芯…中厚手〔横32cm×縦38cm〕×1枚
- バイアステープ…11mm幅ふちどり（4つ折り）〔長さ70cm〕
- スナップボタン…メタルスナップ1組（13mm）

製図

＊型紙に縫い代は含まれています
＊単位はcmです
＊表まえ布、内まえ布に中印の合印をつけ、ダーツのラインを引きます。
　内なか布の中心に合印をつけます
＊内まえ布以外の布のうらに接着芯を貼ります

▨ 接着芯

実物大型紙

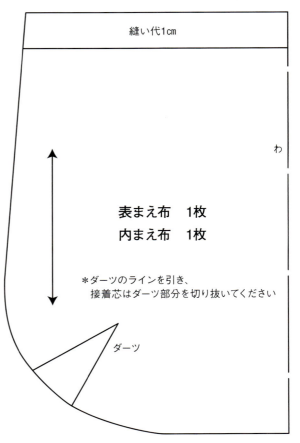

表まえ布　1枚
内まえ布　1枚

縫い代1cm

わ

＊ダーツのラインを引き、
　接着芯はダーツ部分を切り抜いてください

ダーツ

表まえ布　1枚　15／14／11.5　中心
内まえ布　1枚　15／14／11.5　中心
表ふた　1枚　13.5／12.9／9.5
表うしろ布　1枚　12.9／13.5／12
内なか布　1枚　13.5／19.5　中心

実物大型紙

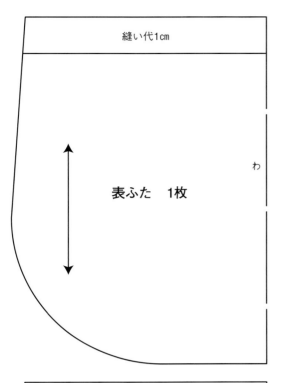

縫い代1cm

表ふた　1枚

わ

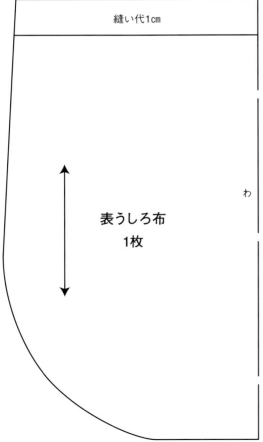

縫い代1cm

表うしろ布
1枚

わ

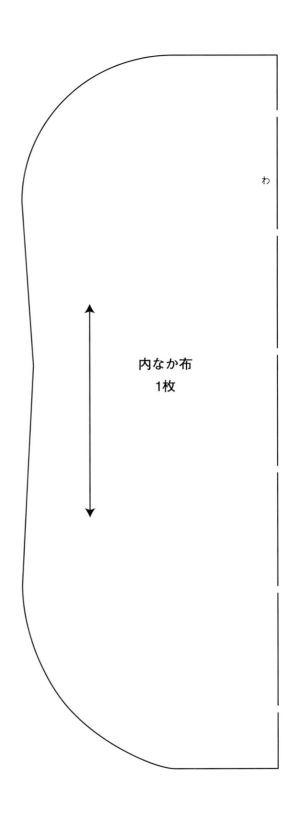

内なか布
1枚

わ

作り方 1　表まえ布と内まえ布を縫い合わせる

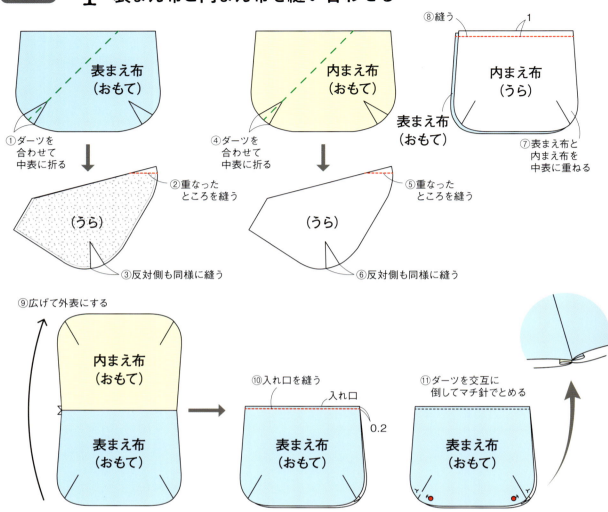

2　すべての布を重ねて縫い合わせる

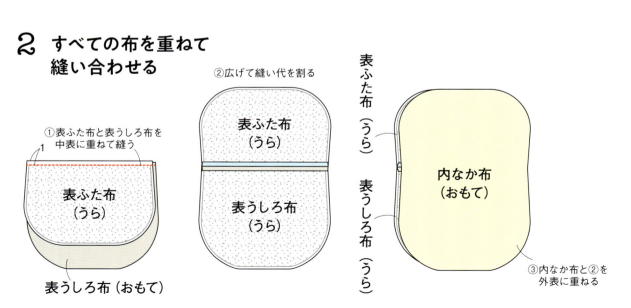

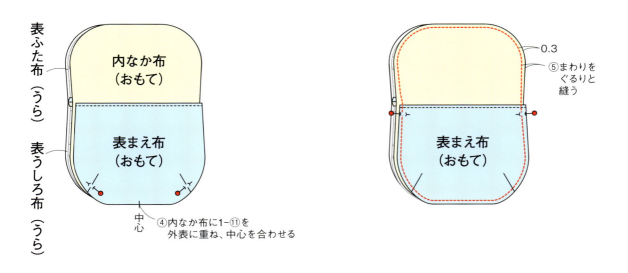

3 バイアステープをつける

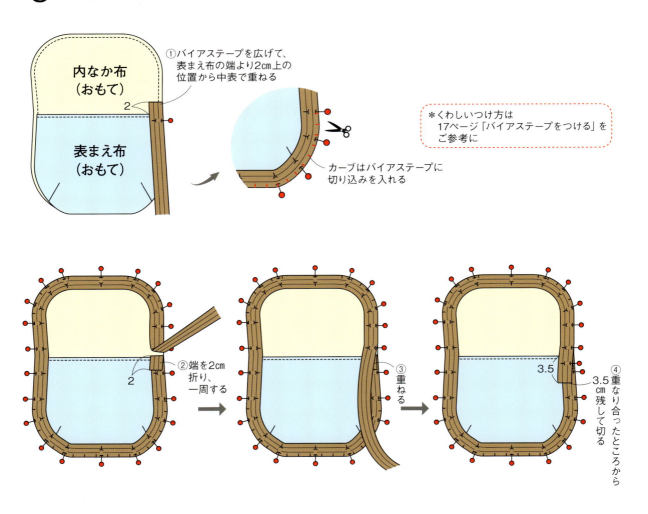

25

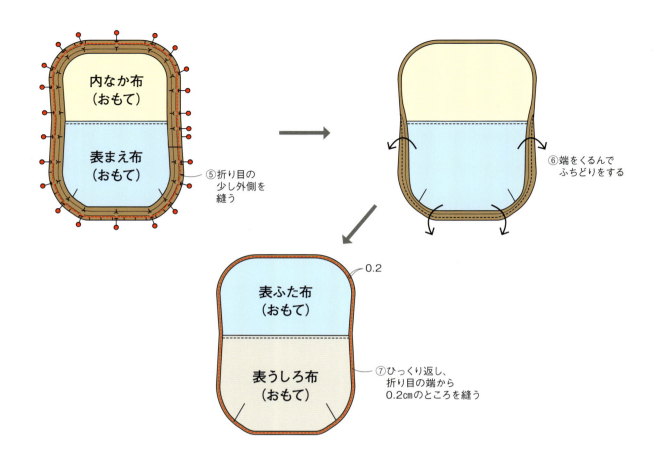

4 スナップボタンをつける

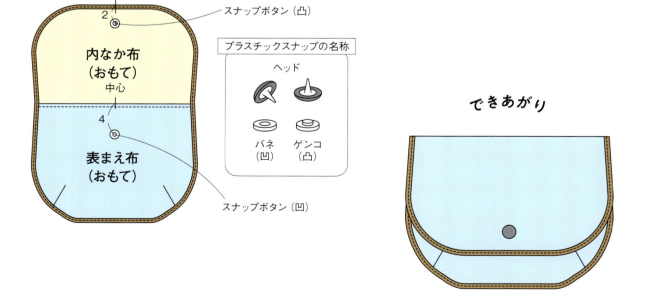

できあがり

Column 01

布の組み合わせ方

複数の布を組み合わせた作品を
作るときに迷うのが、布の選び方。
私がいつもやっている、
考え方の１つをご紹介します。

巾着風の
ミニミニバッグ
(54ページ)

どの布とどの布を、どう組み合わせて使うのか？――毎回悩みますが、とても楽しい作業です。本書で紹介している「巾着風のミニミニバッグ」を例に考えてみます。

1　メインの布に近い色の布を集める

まずメインの表布（花柄）を決めたあと、その布に使われている色と、近い色の布を集めます。

2　メインの次に目立つ布を決める

次に表布に次いで面積の広い布、またはパッと見で印象に残る布を決めます。ここでは底布なので、メインで使われているベースの色に近い色の布を揃えます。今回は生成り（左）を選びました。

3　残りの布は、表布と底布のバランスを見て決める

ちらっと見えるのがおしゃれな口布を決めます。底布がメインのベースの色になる生成りにしたので、ここは柄となるお花の赤か、葉の色に近い色で合わせます。今回は赤の縦ストライプ（左）を選びました。

4　最後に持ち手を決める

表布と底布、口布を合わせたあと、持ち手を決めます。1で使っていない無地の布を揃えます。お花の真ん中の紺色、葉の緑色のほか、枝に使われている濃い茶色もいいかなと思います。今回は、アクセントとなる紺色を取り入れました。

ここで紹介した組み合わせは、ほんの一例です。メインの布の中にある色をどのパーツに使用すれば、全体的にバランスがよくなるかを考えて配色しています。候補がたくさんあり、迷ってしまうときは、写真を撮って見比べると判断しやすくなりますよ。みなさんそれぞれのお好みの配色を、ぜひ楽しんでください。

自分が見て
「気持ちよく
感じる配色」を
心がけています

C
小さな布で作るミニポーチ

Difficulty level ★☆☆

表を6枚の布で作る、手頃なサイズのミニポーチです。それぞれのパーツが小さいので、端切れ消費にも最適です。内布と合わせて、いろいろな組み合わせが楽しめる、縫っていて楽しいポーチですよ。

小さな端切れで作れる定番のファスナーポーチ。

右／マチは4cm。コスメやサニタリー用品も入ります。左／柄合わせができると、底も美しい。

C 小さな布で作るミニポーチ

Difficulty level ★☆☆

材 料	＊紺花柄×白無地の場合（写真）

- 表布（a、b、c）
   …シーチング〔a：横 13cm×縦 14cm〕×2枚
   〔b、c：横 15cm×縦 12cm〕×2枚
- 内布…シーチング〔横 17cm×縦 14cm〕×2枚
- 接着芯…中薄手〔横 27cm×縦 27cm〕×1枚
- ファスナー…1本〔長さ 12cm〕
- タブ…フェイクレザー〔1.5cm幅・長さ 5cm〕×1枚
- タグ…1枚

製 図

- ＊表布のみ型紙があります。内布はサイズに合わせて型紙を作るか、直接布に線を引いて裁断してください
- ＊型紙に縫い代は含まれています
- ＊単位はcmです
- ＊縫い代はすべて1cmです
- ＊表布aと内布の中心と、表布aの縫い止まりに合印をつけます
- ＊表布のうらに接着芯を貼ります

　接着芯

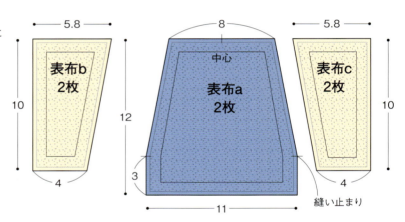

準 備

＊ファスナーに印をつけます

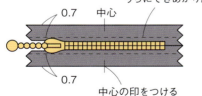

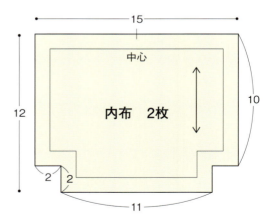

30

実物大型紙

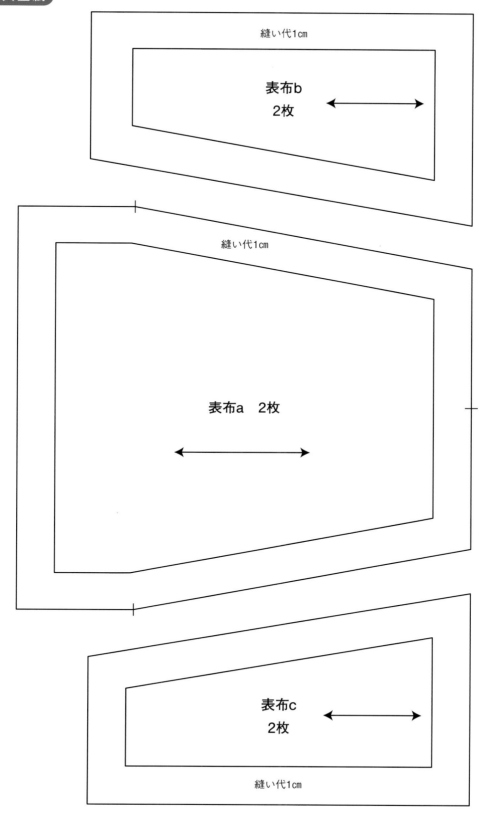

作り方

1 表布を縫い合わせる

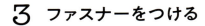
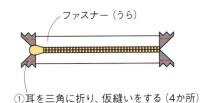

2 タブとタグをつける

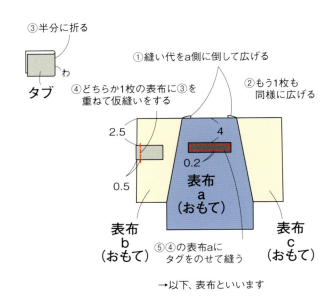

→以下、表布といいます

3 ファスナーをつける

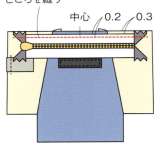
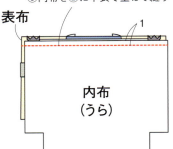

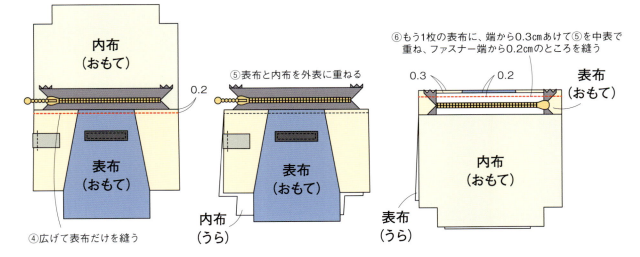

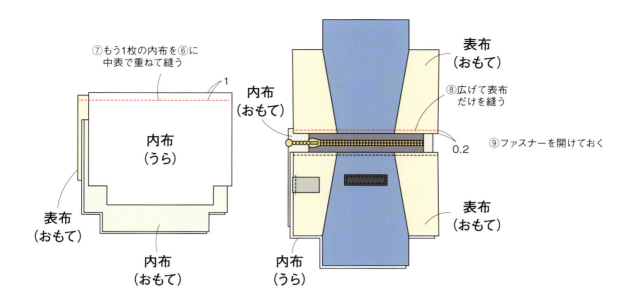

4 表布と内布の脇と底を縫う

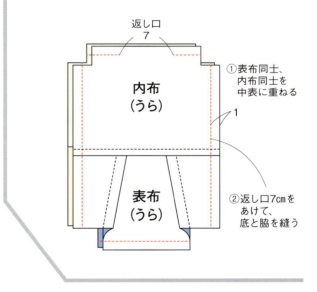

5 マチを縫う

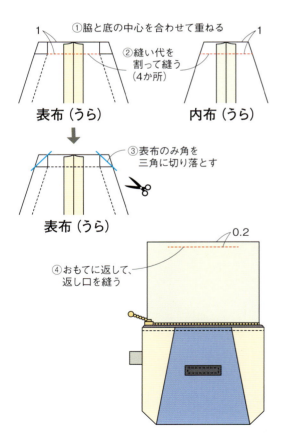

できあがり

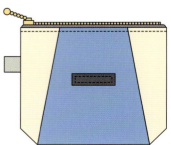

D
コロンとかわいい台形のポーチ

Difficulty level ★★☆

ふっくらした形がユニーク。
脇に挟んだタブがアクセントに。

マチは6cm。容量たっぷり、扱いやすいサイズです。

側面は台形になった、ぽってりかわいいミニポーチです。内布はダブつかず、スッキリした仕上がりにしましょう。縫ったあと、きれいな四角形になるように角をしっかり整えるのがポイントです。

D コロンとかわいい台形のポーチ

Difficulty level ★★☆

作り方を動画でチェック

材料　＊浅葱色の場合（写真）

- 表布…綿麻キャンバス〔横25cm×縦17cm〕×2枚
- 内布…ブロード〔横25cm×縦17cm〕×2枚
- 接着芯…中薄手〔横25cm×縦33cm〕×1枚
- タブ…綾テープ〔2.5cm幅・長さ6cm〕×2枚
- ファスナー…1本〔長さ20cm〕

製図

＊型紙はついていません。型紙を作るか、直接布に線を引いて裁断してください
＊単位はcmです
＊縫い代は1〜1.5cmです
＊表布と内布に中心の合印をつけ、できあがり線を引きます
＊表布のうらに接着芯を貼ります

 接着芯

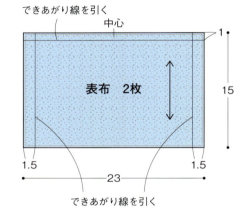

準備

＊ファスナーに印をつけます

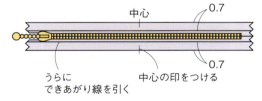

作り方

1 ファスナーをつける

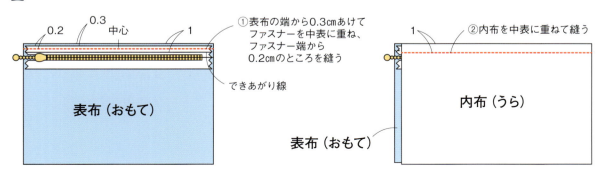

①表布の端から0.3cmあけてファスナーを中表に重ね、ファスナー端から0.2cmのところを縫う

②内布を中表に重ねて縫う

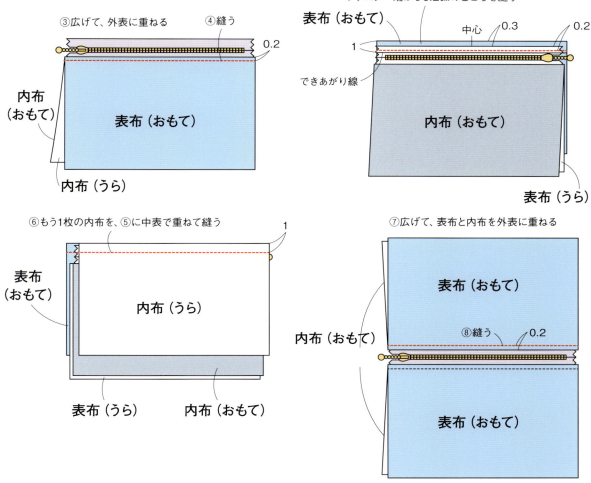

2 できあがり線の位置を確認する

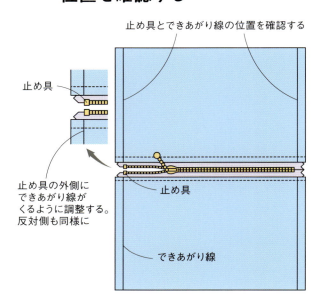

3 タブをつける

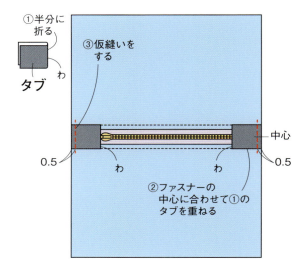

4 表布と内布の底を縫う

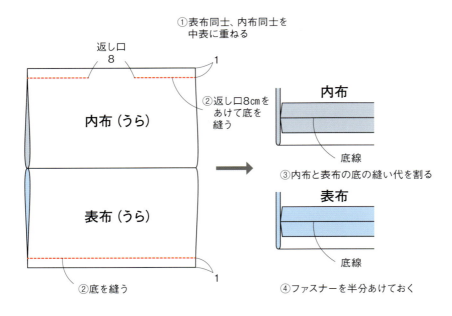

5 ファスナーの中心と底線を合わせて端を縫う

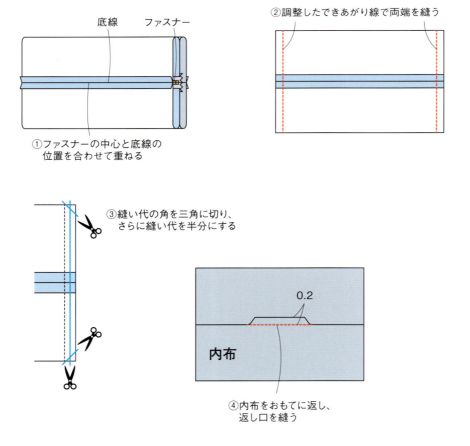

6 脇を台形にして縫う

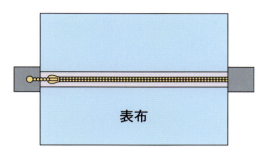

①おもてに返す

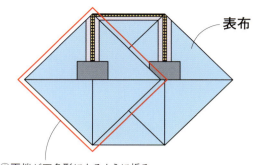

②両端が四角形になるように折る

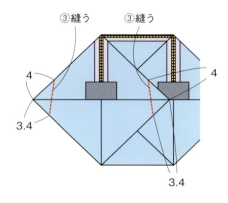

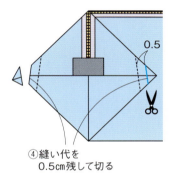

④縫い代を
0.5cm残して切る

⑤反対側も同様に行う

⑥内布側に返す

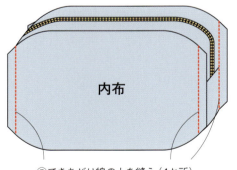

⑦できあがり線の上を縫う（4か所）

⑧おもてに返す

できあがり

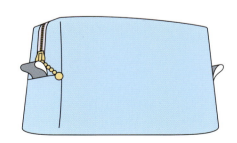

39

E バッグみたいな ミニトートポーチ

Difficulty level ★★☆

A4サイズのバッグにも入る。バッグみたいなポーチ。

上／そのまま持っても、カバンに入れてもOK！ 下／マチは5cm。底布がアクセントになるデザインです。

持ち手のついた、小さなトートバッグのようなポーチです。内布を保冷シートに変えると保冷ポーチに。大きなバッグの中で迷子になってしまいそうな小物を収納して、バッグインバッグにするのも楽しいですね。

E バッグみたいなミニトートポーチ

Difficulty level ★★☆

作り方を動画でチェック▶

材料 ＊群青色の場合（写真）

- 表布…ツイル〔横24cm×縦18cm〕×2枚
- 底布…綿麻キャンバス〔横19cm×縦9cm〕×1枚
- 内布…シーチング〔横24cm×縦21cm〕×2枚
- 持ち手…オックス〔横9cm×縦50cm〕×2枚
- 接着芯…中薄手〔横46cm×縦26cm〕×1枚
- ファスナー…1本〔長さ20cm〕
- タグ…1枚

製図

＊型紙はついていません。型紙を作るか、直接布に線を引いて裁断してください
＊単位はcmです
＊縫い代は1cmです（※表布と内布の脇だけ0.7cmで縫いましたが、ファスナーの長さによって異なります）
＊表布と内布、底布の中心に合印をつけます
＊表布と底布のうらに接着芯を貼ります

　　接着芯

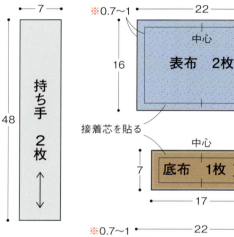

準備

＊ファスナーに印をつけます

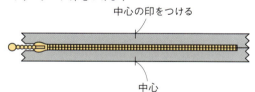

中心の印をつける / 中心

作り方

1 持ち手を縫う

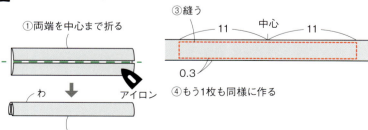

①両端を中心まで折る
アイロン
②半分で折って四つ折りにする
③縫う
11 中心 11
0.3
④もう1枚も同様に作る

2 タグをつける

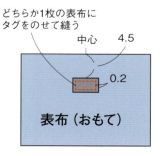

どちらか1枚の表布にタグをのせて縫う
中心 4.5
0.2
表布（おもて）

3 表布に持ち手をつける

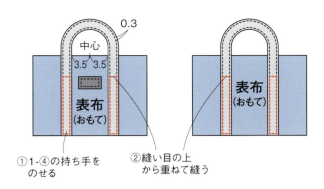

4 ファスナーをつける

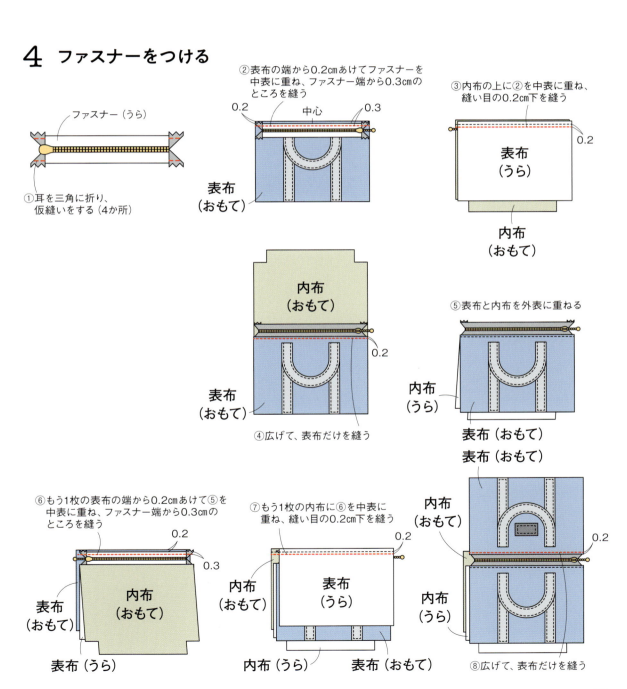

5 表布に底布をつける

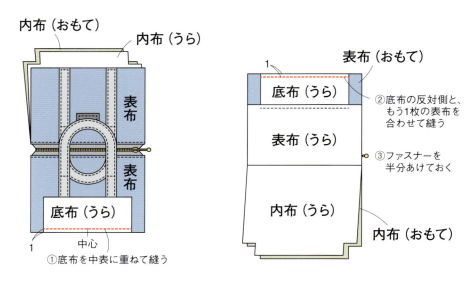

7 マチを縫う

6 脇と内布の底を縫う

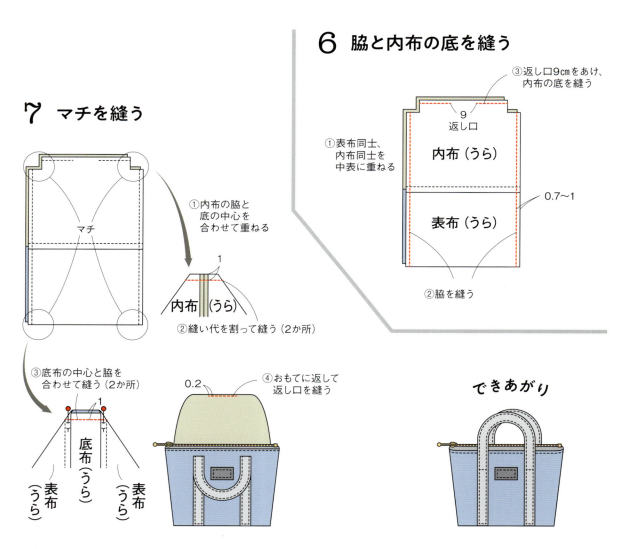

できあがり

F かぼちゃみたいなポーチ

Difficulty level ★★★

かぼちゃのような形が特徴的なミニポーチです。カーブで縫わずに、直線縫いだけで丸みを出しているのが一番のポイントです。上下に入ったタックが個性的で大人っぽい雰囲気に。

タック寄せで独特なフォルムに。どこから見てもかわいい。

左／ファスナーをつける口布は、袋部分と共布（同じ）でも変えても◎。右／見た目より末広がりの形で、収容力は抜群です。

底は、左右対称に入ったタックが目立ちます。

F かぼちゃみたいなポーチ

Difficulty level ★★★

材 料 ＊濃紫色の場合（写真）

○表布、表口布…オックス
　〔表布：横26cm×縦17cm〕×2枚
　〔表口布：横17cm×縦6cm〕×2枚
○内布、内口布…シーチング
　〔内布：横24cm×縦17cm〕×2枚
　〔内口布：横17cm×縦6cm〕×2枚
○ファスナー…1本〔長さ12cm〕

実物大型紙

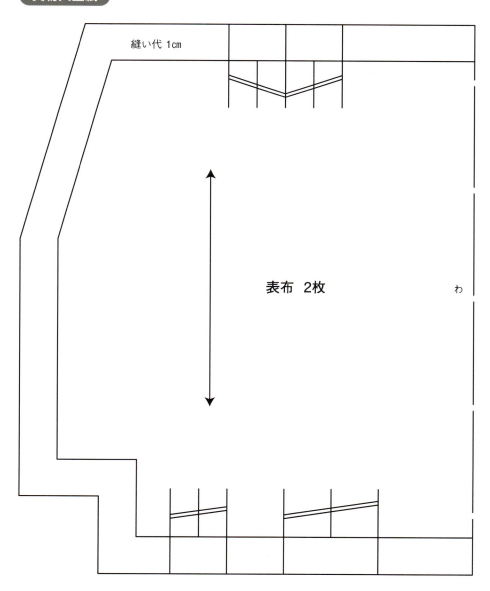

縫い代1cm

表布　2枚

わ

47

実物大型紙

縫い代 1cm

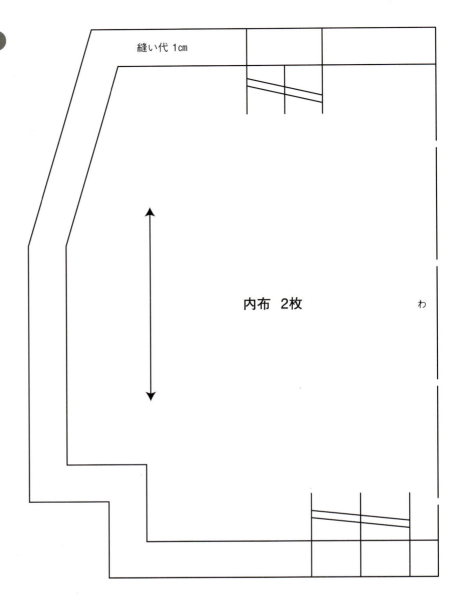

内布 2枚

わ

製図

*表布、内布のみ型紙があります。口布は型紙を作るか、直接布に線を引いて裁断してください
*型紙に縫い代は含まれています
*単位はcmです
*縫い代はすべて1cmです
*表布と内布に、中心とタックの合印をつけます
*薄地の布を使う場合は、表布、表口布のうらに接着芯を貼ります

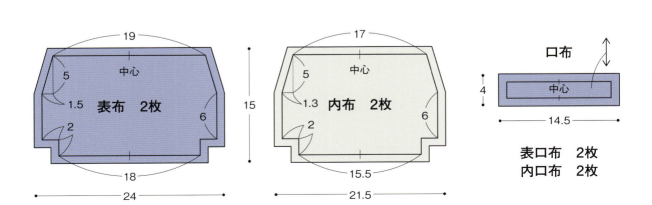

表口布　2枚
内口布　2枚

作り方

1 表布にタックを入れる

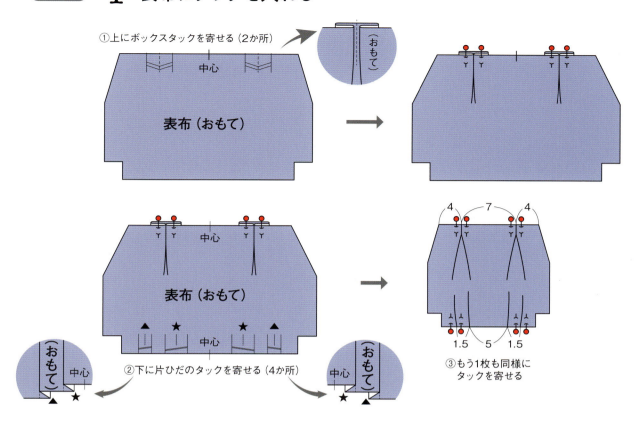

2 内布にタックを入れる

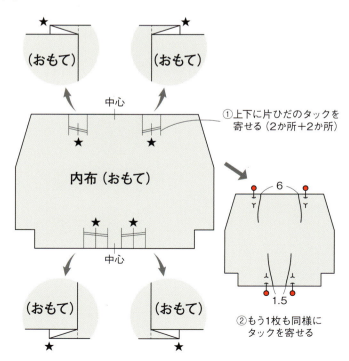

3 タックを縫う

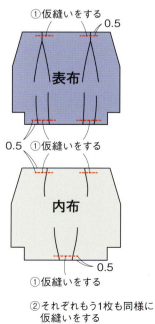

4 表布・内布に口布を縫い合わせる

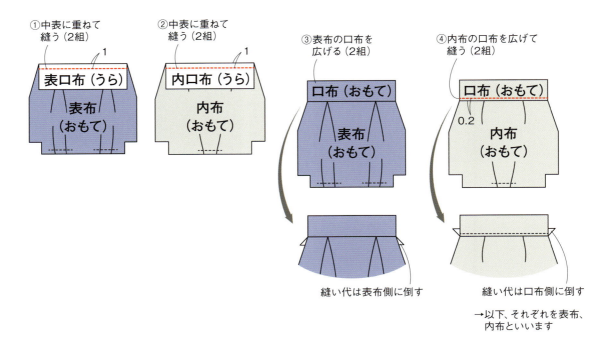

5 ファスナーをつける

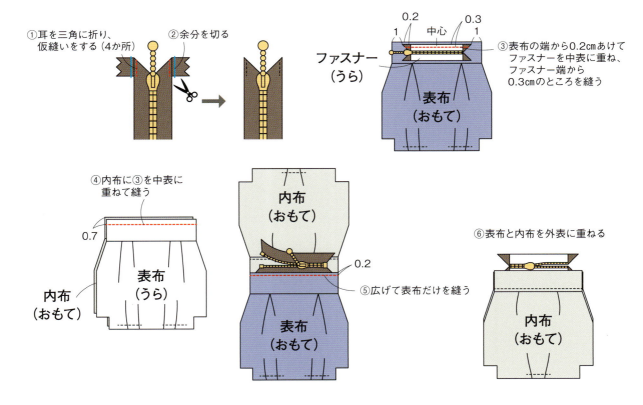

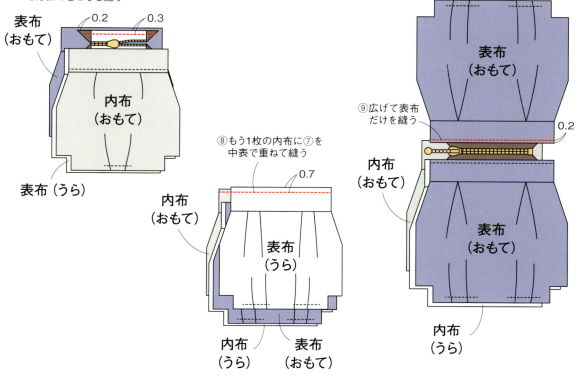

6 脇と底を縫う

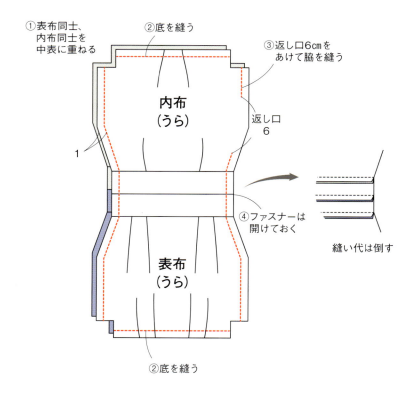

7 マチを縫う

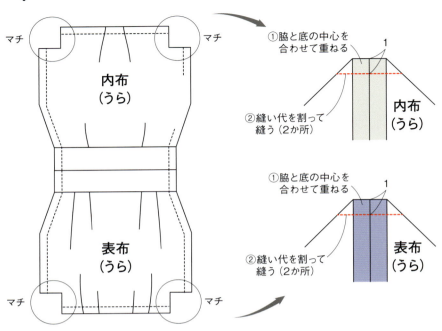

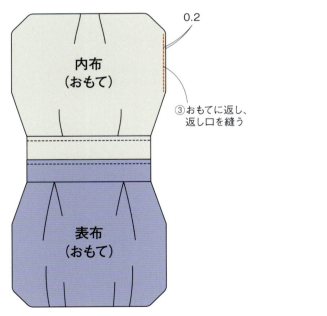

できあがり

mini bag

大人が持ちたい
ミニバッグ

単体で持ち歩ける、持ち手のついたミニバッグを集めました。
コインケースや財布、ハンカチなど、
必要な小物をササッとミニバッグに詰め、
気軽におでかけできちゃいます。
手さげやポシェット、ランチバッグまで……
たくさん作って、今日は何を持っていきますか？

G
巾着風の
ミニミニバッグ

Difficulty level ★☆☆

巾着袋の作り方と、トートバッグの作り方を組み合わせたようなミニバッグです。ファスナーやスナップボタンを使わないので、特別な道具がない方でもチャレンジしやすいです。

巾着袋とバッグをミックス。
布合わせの妙も楽しんで。

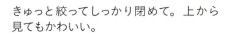

きゅっと絞ってしっかり閉めて。上から見てもかわいい。

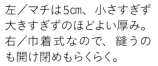

左／マチは5cm、小さすぎず大きすぎずのほどよい厚み。
右／巾着式なので、縫うのも開け閉めもらくらく。

G 巾着風のミニミニバッグ

Difficulty level ★☆☆

材料　＊花柄の場合（写真）

- 表布…綿麻キャンバス〔横19cm×縦11cm〕×2枚
- 底布…オックス〔横19cm×縦15cm〕×1枚
- 内布…オックス〔横19cm×縦29cm〕×1枚
- 口布…ブロード〔横37cm×縦19cm〕×1枚
- 持ち手…〔横15cm×縦19cm〕×1枚
- 接着芯…中薄手〔横37cm×縦25cm〕×1枚
- ひも…ワックスコード〔2mm幅・長さ50cm〕×2本
- タグ…1枚

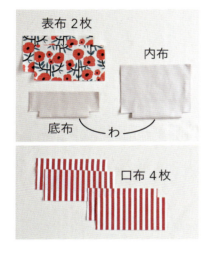

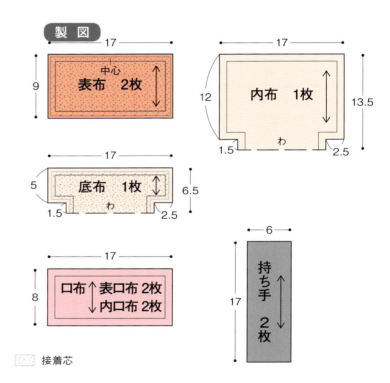

＊型紙はついていません。型紙は作るか、直接布に線を引いて裁断してください
＊単位はcmです
＊縫い代はすべて1cmです
＊表布の中心に合印をつけます
＊表布と底布のうらに接着芯を貼ります

作り方

1 持ち手を縫う

（注）ここでは、わかりやすいように赤い糸を使用しています。作品を作るときは布に近い色の糸がおすすめです。

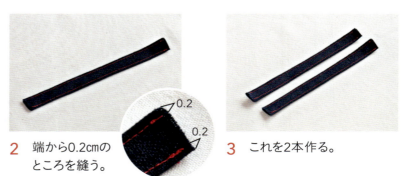

1　両端を中心まで折り、半分で折って四つ折りにする。

2　端から0.2cmのところを縫う。

3　これを2本作る。

2 タグをつける

1 底布の端から4cmの位置にタグをのせ、端から0.5cmのところに仮縫いをする。

3 表布と底布を縫い合わせる

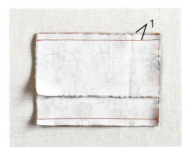

1 底布に表布を中表に重ね、縫う。

2 もう片方も同様に縫う。

4 表布に持ち手をつける

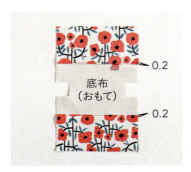

1 3-2を広げて、表布の端から0.2cmのところを縫う。

2 表布に持ち手を置き、端から0.5cmのところに仮縫いをする。

5 口布を縫い合わせる

1 4-2に口布を中表に重ね、縫う。

2 内布にも同様に、口布を中表に重ねて縫う。

3 どちらも広げる。

6　表布と内布を縫い合わせ、マチを作る

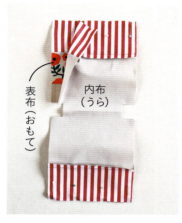

1　表布と内布を中表に重ねる。

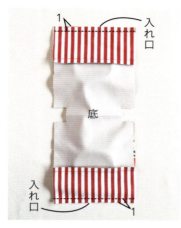

2　入れ口となる両端を縫う。

3　入れ口が中央、底が両端にくるように表布同士、内布同士を重ね、ひも通し口2cm、返し口6cmをあけて脇を縫う。

4　脇と底の中心を合わせて重ね、縫い代を割ってマチを縫う。

5　残り3か所も、同様にマチを縫う。

7　ひも通し口を処理し、入れ口を縫う

すそ上げテープがあれば使うと便利

1　ひも通し口の縫い代を折り返し、アイロンで整える。

2 　返し口から、おもてに返す。

3 　口布の端から0.2cmのところをぐるりと縫う。

4 　口布を中に入れ、端から0.3cmのところを表布と一緒に縫う。

5 　口から2cmのところを縫い、ひも通し口を作る。

6 　返し口の端から0.2cmのところを縫う。

8　ひもを通す

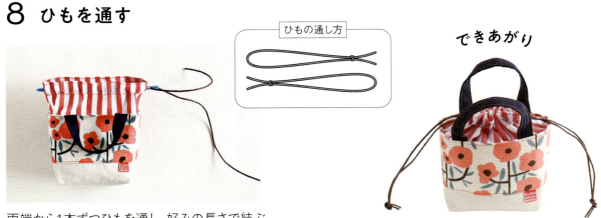

両端から1本ずつひもを通し、好みの長さで結ぶ。

H
ハンドルつき ミニ巾着バッグ

Difficulty level ★☆☆

60

巾着風バッグに、Dカンつき持ち手をつけたミニバッグです。巾着部分がフリルになったかわいい見た目と、大人っぽい布が意外にマッチしています。ひも通し用の口布は、薄地の布がおすすめです。

レザー製ハンドルをつけて落ち着いた雰囲気に。

ハンドルがついているので、運びやすい。

左／マチは8㎝、丸い形がかわいらしい。右／ひも通し用の口布と、内側の布の切り替えが楽しめます。

H ハンドルつきミニ巾着バッグ

Difficulty level ★☆☆

作り方を動画でチェック

材料　＊灰色×紺色の場合（写真）

- 表布…ビエラ（刺しゅう入り）〔横22cm×縦19cm〕×2枚
- 内布…ブロード〔横22cm×縦34cm〕×1枚
- 口布…シーチング〔横19cm×縦20cm〕×2枚
- ベルト布…オックス〔横7cm×縦12cm〕×1枚
- 接着芯…中薄手〔横44cm×縦38cm〕×1枚
- Dカン…2個〔内径1cm〕
- Dカンつきハンドル…1本〔長さ18cm〕
- ひも…ワックスコード〔2mm幅・長さ55cm〕×2本
- タグ…1枚

製図

＊型紙はついていません。型紙を作るか、直接布に線を引いて裁断してください
＊単位はcmです
＊縫い代はすべて1cmです
＊表布と口布の中心に合印をつけます
＊表布と内布のうらに接着芯を貼ります

　接着芯

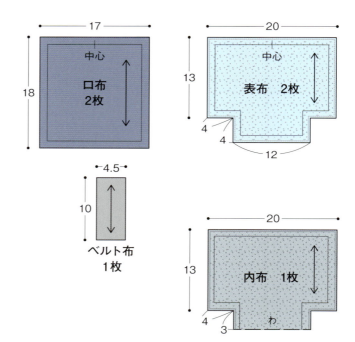

作り方

1 ベルトを縫う

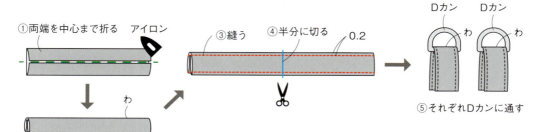

2 口布を縫う

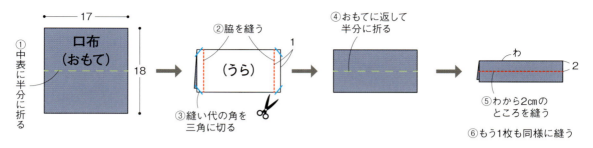

3 タグをつける

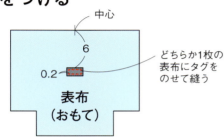

4 表布の脇と底、マチを縫う

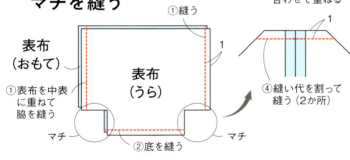

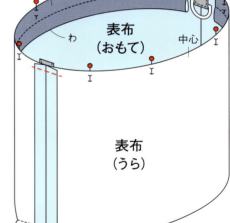

5 内布の脇とマチを縫う

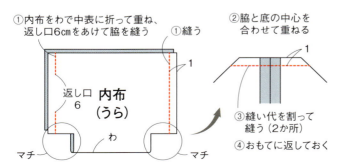

6 表布と内布を縫い合わせる

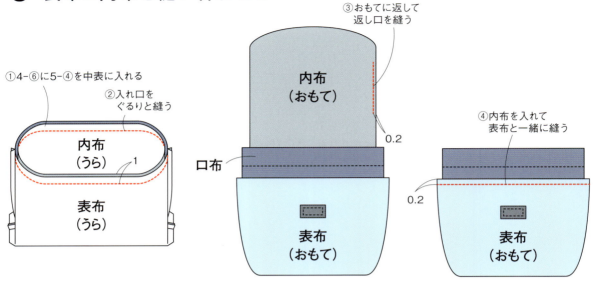

7 ひもを通してベルトをつける

I
ミニミニ
ワンハンドルバッグ

Difficulty level ★☆☆

スナップつきのベルトで、チャームのようにバッグにつけられるミニミニバッグです。マチの縫い方に少し工夫をして、底にチャームポイントになるくぼみをつけました。ワイヤレスイヤホンなどがさっとしまえます。

ワンタッチでバッグにつけられる。小物の出し入れも自由自在。

右／2か所のスナップボタンで、取り外しが簡単です。左／マチ部分にあるくぼみが、かわいくて個性的。

I ミニミニワンハンドルバッグ

Difficulty level ★☆☆

材料　＊青色の場合（写真）

- ○表布…オックス〔横18cm×縦20cm〕×2枚
- ○内布…綿ポリエステル〔横18cm×縦20cm〕×2枚
- ○ベルト布…シーチング〔横6cm×縦30cm〕×1枚
- ○接着芯…中薄手〔横36cm×縦20cm〕×1枚
- ○スナップボタン…プラスチックスナップ2組（13mm）
- ○タグ…1枚

製図

※型紙に縫い代は含まれています
※単位はcmです
※縫い代はすべて1cmです
※表布と内布の中心に合印をつけます
※表布のうらに接着芯を貼ります

　　接着芯

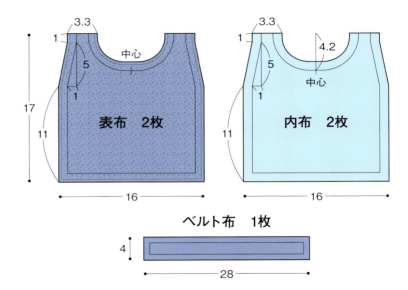

実物大型紙

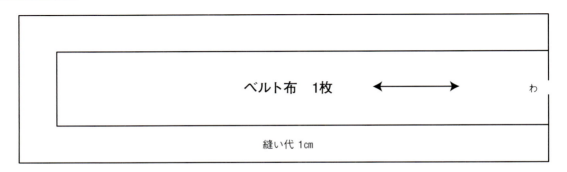

67

実物大型紙

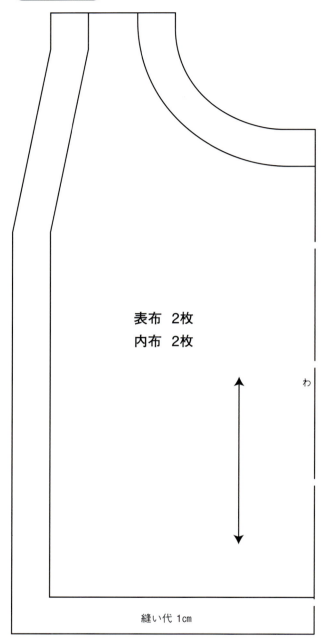

表布 2枚
内布 2枚

わ

縫い代 1cm

作り方

1 ベルトを縫う

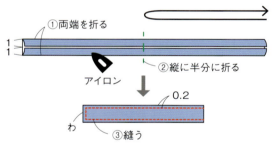

2 タグをつける

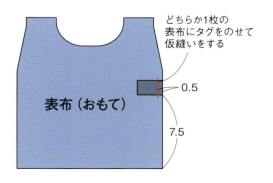

3 表布と内布を 縫い合わせる

①表布と内布を中表に
重ね、入れ口を縫う

②カーブの縫い代に
切り込みを入れる

③もう1組も同様に縫う

表布（おもて）

内布（うら）

④③をそれぞれ広げて、
表布同士、内布同士を
中表に重ねる

内布（うら）

⑤内布をよけて、
表布の脇と
底を縫う

表布（うら）

⑦カーブの
縫い代に
切り込みを
入れる

⑥表布をよけて、
内布の脇と底を、
返し口6cmを
あけて縫う

返し口
6

マチ

内布（うら）

表布（うら）

⑦カーブの
縫い代に
切り込みを
入れる

4 マチを縫う

①脇と底の中心を合わせて
重ね、縫い代を割る

☆　　　☆

脇線

②☆の辺を中心の縫い目に
合わせるように折る

③縫う
（4か所）

2

☆　　　☆

脇線

内布
（うら）

表布
（うら）

④1cm残して余分な縫い代を切る（4か所）

⑤おもてに返して
返し口を縫う

0.2

内布
（おもて）

表布
（おもて）

69

5 ベルトをつける

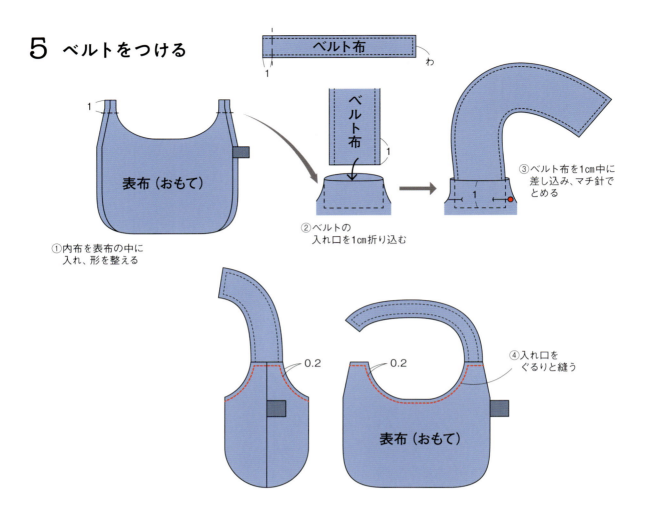

6 スナップボタンをつける

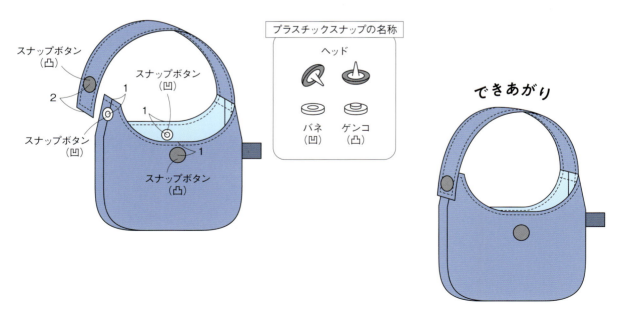

入れ口のシェイプが特徴的。
かわいくやさしい半月風。

小物が迷子にならない、便利なポケットつき。高さ23㎝、マチ4㎝。大きめの財布でも入ります。

ふらっとおでかけ、おさんぽ用に、手軽に使えるミニバッグです。ひとまわり小さいおさんぽバッグをお揃いで作って（ワニブックスのサイトから型紙をダウンロードできます）、親子で公園に行くのも楽しいかも。

J おさんぽミニバッグ

Difficulty level ★☆☆

材料　*紺色の場合（写真）

- 表布…綿麻キャンバス〔横30cm×縦30cm〕×2枚
- 内布、ポケット…シーチング〔内布：横30cm×縦30cm〕×2枚　〔ポケット：横20cm×縦27cm〕×1枚
- 持ち手…オックス〔横12cm×縦29cm〕×2枚
- 接着芯…中薄手〔横60cm×縦30cm〕×1枚
- スナップボタン…マグネットスナップ1組（13mm）
- タグ…1枚

製図

* 表布と内布の一部だけ型紙〔斜線〕があります。一部と組み合わせて型紙を作るか、直接布に線を引いて裁断してください
* 型紙に縫い代は含まれています
* 単位はcmです
* 縫い代はすべて1cmです
* 表布のうらに接着芯を貼ります
  　接着芯

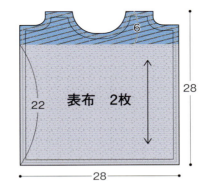
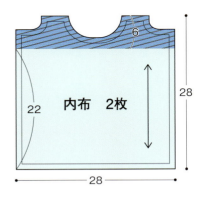
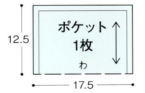

※型紙の一部を布に置き、足りないところは布に直接線を引いて裁断してください

実物大型紙

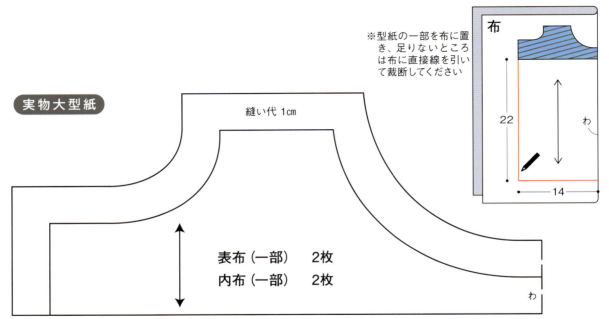

73

作り方

1 持ち手を縫う

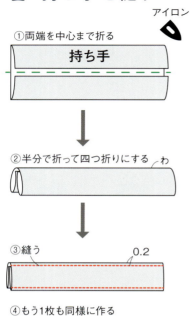

2 ポケットを縫う

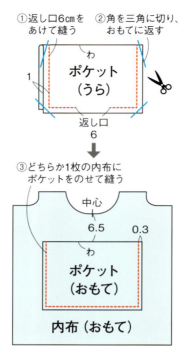

3 タグをつける

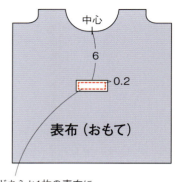

4 表布と内布を縫い合わせる

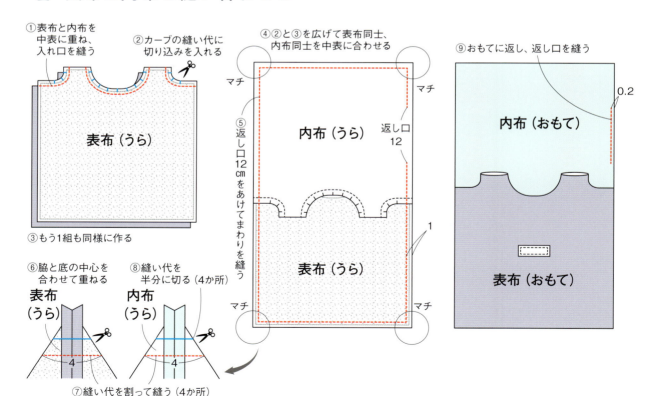

5 持ち手をつける

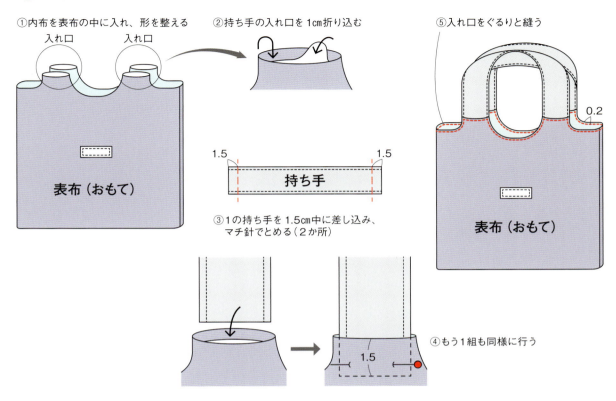

6 好みでスナップボタンをつける

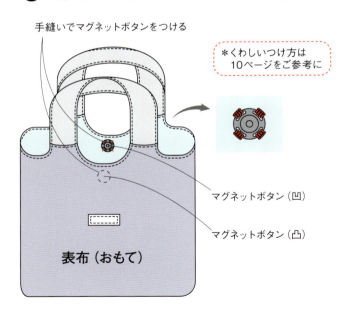

できあがり

K ダーツ風マチの ミニバッグ

Difficulty level ★★☆

マチの印つけ通りに縫うだけで、ダーツが入っているように見える、不思議なミニバッグです。布は、オックスや綿麻キャンバスなど、厚みのあるものがおすすめですが、薄地の布を使う場合は接着芯を貼りましょう。

ダーツみたいな底がポイント。ちょっとしたおでかけに。

意外と奥行きが広いので、長財布や手帳も入ります。

左／マチ8㎝、高さ16.5㎝。立てても寝かせても、邪魔にならないサイズ感。右／ダーツが入ったように見える底の仕上がりが特徴です。

K ダーツ風マチのミニバッグ

Difficulty level ★★☆

材 料 ＊黒色の場合（写真）

※刺しゅう入りの薄地の布を使う場合、ブロードやシーチングなどの布を重ねて使います

- **表布**…… ローン（刺しゅう入り）〔横31cm×縦26cm〕×2枚
  ブロード（無地）〔横31cm×縦26cm〕×2枚
- **見返し**… ローン（刺しゅう入り）〔横29cm×縦8cm〕×2枚
  ブロード（無地）〔横29cm×縦8cm〕×2枚
- **内布**…… 綿ポリエステル〔横31cm×縦23cm〕×2枚
- **持ち手**… オックス〔横20cm×縦34cm〕×1枚
- **スナップボタン**…プラスチックスナップ1組（14mm）

製　図

＊表布、内布、見返しは型紙があります。持ち手は
　型紙を作るか、直接布に線を引いて裁断してください
＊型紙に縫い代は含まれています
＊単位はcmです
＊縫い代はすべて1cmです
＊表布と内布に中心の合印をつけ、マチのラインを引いてください
＊薄地の布を使う場合は、接着芯を貼ります

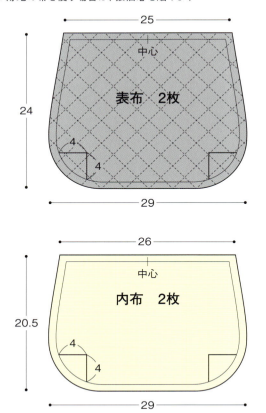

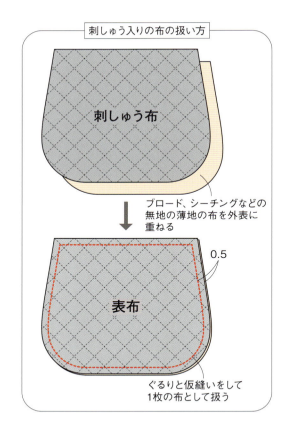

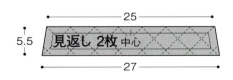

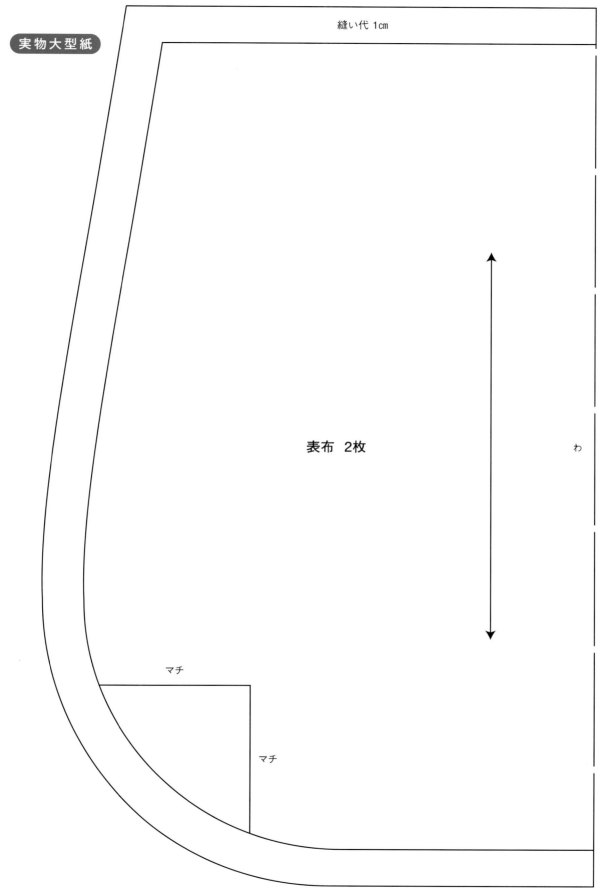

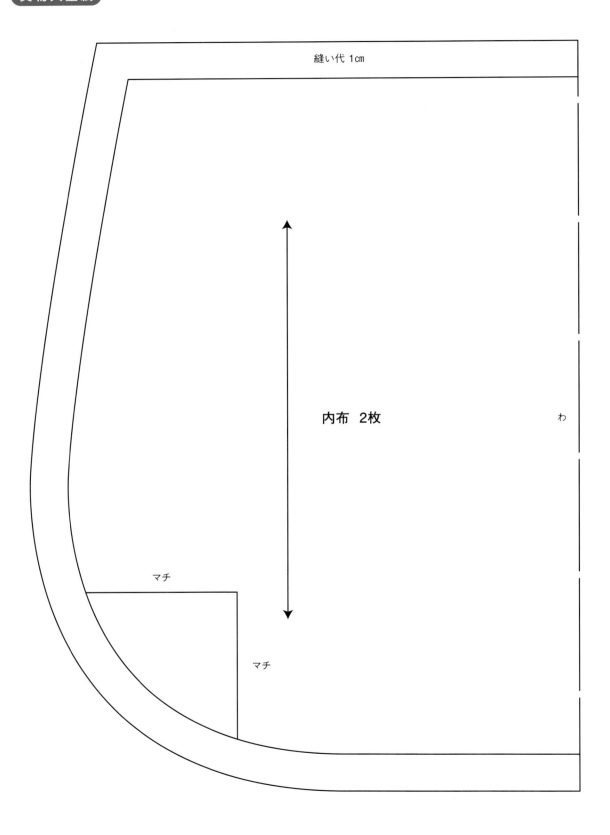

実物大型紙

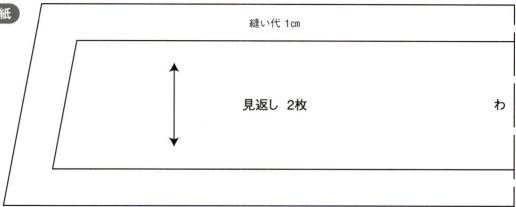

作り方

1 持ち手を縫う

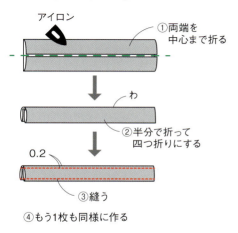

2 内布に見返しと持ち手をつける

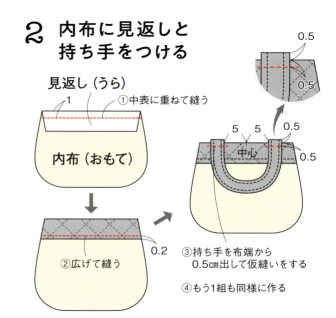

3 表布と内布を縫い合わせる

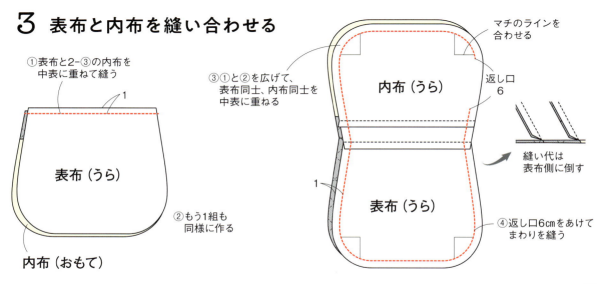

4 マチを縫う

5 スナップボタンをつける

できあがり

Column 02

布や道具の収納方法

ソーイングを始めると、
ものがどんどん増えていき、
その置き場所に困りますよね。
私なりの"作業がしやすい"収納方法を
ご紹介します。

リビングで作業をしているので、リビングに続く和室の端に、ミシンや布、副資材を収納するコーナーを作っています。

A 型紙やレシピはファイルに収納

これまでの作品の型紙は、すべてファイルにまとめて残しています。オリジナル作品の型紙とは別に、市販のレシピも別のファイルにまとめています。

B 完成作品の置き場所も忘れずに

仕上がったバッグやポーチなど、作ったものを置いておくスペースがあると、置き場に困りません。

C 布の保管方法に工夫をする

布を入れるケースは2列にし、購入したばかりのものを左側に入れると決めています。布は立てて入れておくほうが見やすいですが、片つけるとなるとワンアクションでは入れられないのでラクなのは重ねる収納です。無地やストライプの布は、柄布の内布として使うことが多いので、柄布の近くに置いて、引き出しを引くことで簡単に色合わせができるようにしています。

D 道具は見やすくオープンに

副資材などの道具類は、パッと見て在庫確認ができるよう、3段収納のワゴンに入れています。上段によく使う基本の道具、真ん中にときどき使う道具、下段にひもやベルト、バイアステープなどを入れています。

私にはアトリエ（作業部屋）がないので、
在庫が確認しやすく、片づけやすい収納を
心がけています。

スペース以上に布や道具が増えないよう、気をつけています

L
外ポケットの小さなポシェット

Difficulty level ★★★

外ポケットのつけ方がポイントのポシェットです。スマートフォン、小さな財布、エコバッグなどが入るので、ちょっとそこまで……の買い物やおさんぽに最適。布の質感を変えて、季節感を出してもいいですね。

細身のショルダーひもで繊細かつ、軽やかに。

左／外ポケットには、ハンカチやリップが入れられます。
右／マチは10㎝。小銭入れや携帯を入れるなら十分の大きさ。

85

L 外ポケットの小さなポシェット

Difficulty level ★★★

作り方を動画でチェック

材料　＊水色×灰色の場合（写真）

- 表布、表見返し、ベルト布…オックス
  〔表布：横26cm×縦38cm〕×1枚　〔表見返し：横26cm×縦7cm〕×2枚
  〔ベルト布：横15cm×縦9cm〕×1枚
- 内布…ブロード〔横26cm×縦38cm〕×1枚
- ポケット…薄地シーチング〔横26cm×縦26cm〕×1枚
- 内見返し…ブロード〔横26cm×縦7cm〕×2枚
- 接着芯…中薄手〔横26cm×縦55cm〕×1枚
- ファスナー…コイルチェーンファスナー1本
  〔2.5cm幅・長さ110cmのもの1本を20cmにカットする〕
- Dカン…2個〔内径1.5cm〕
- ひも…ショルダーひも〔1cm幅・長さ120cm〕
- スナップボタン…プラスチックスナップ1組（13mm）

製図

＊型紙はついていません。型紙を作るか、直接布に線を引いて裁断してください
＊単位はcmです
＊縫い代はすべて1cmです
＊表布とポケットのうらに接着芯を貼ります

　　接着芯

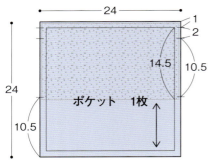
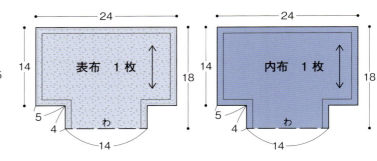

作り方

1 ベルトを縫う

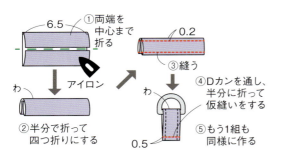

2 ポケットを縫う

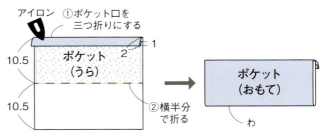

3 表布にポケットをつける

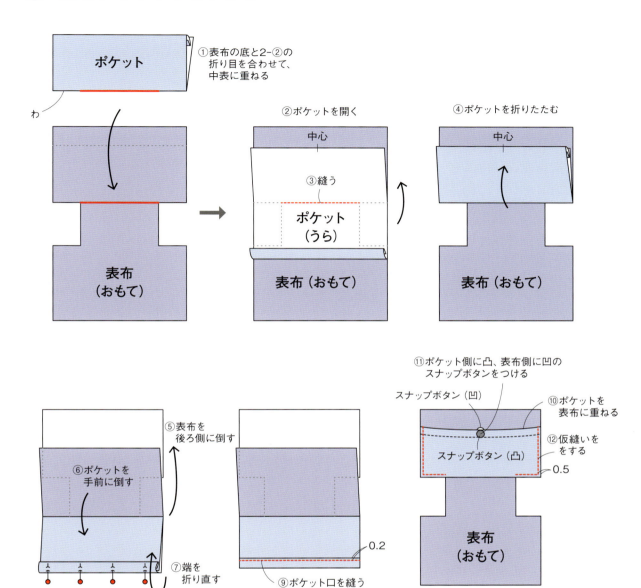

4 表布と内布の脇とマチを縫う

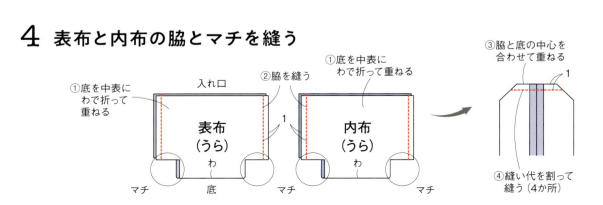

5 見返しにファスナーをつける

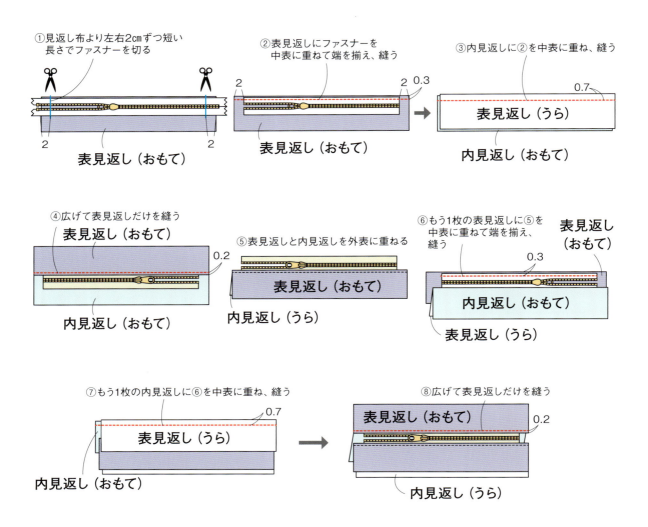

6 見返しの脇とマチを縫う

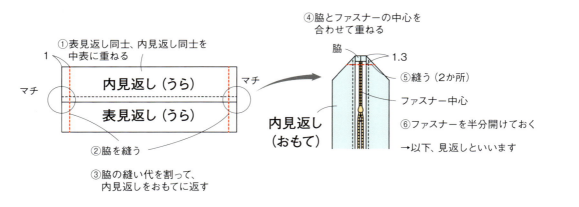

7 表布にDカンをつける

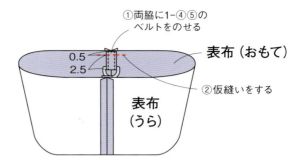

8 表布に見返しを縫い合わせる

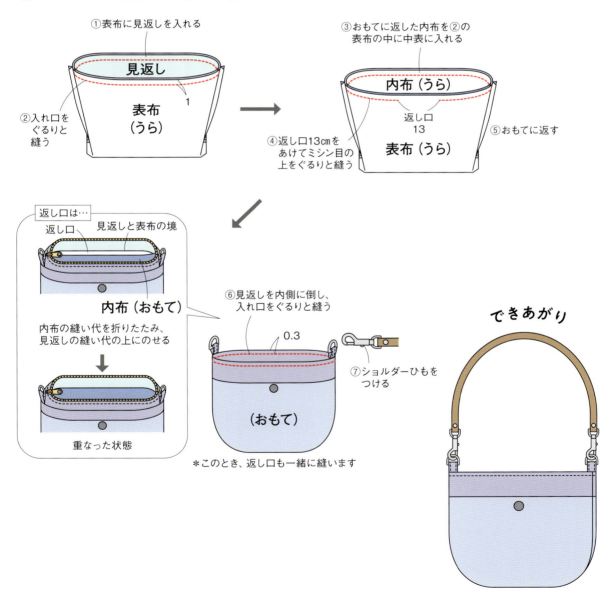

M ヌビキルトで作る ミニバッグ

Difficulty level ★★★

ふわふわの手触りが気持ちいい。
韓国の伝統布で作ったバッグ。

ポケットの柄や、縫い代をくるむバイアステープも引き立って見えます。

布と布の間に綿を挟み、一針一針を細かく一定の間隔で縫い合わせた韓国伝統のキルト布・ヌビキルトを使ったミニバッグです。縫い代をすっきりさせるために、底の両角をカーブにしました。

M ヌビキルトで作るミニバッグ

Difficulty level ★★★

作り方を動画でチェック

材料　＊若葉色の場合（写真）

- 袋布、持ち手b…ヌビキルト
  - 〔袋布：横28cm×縦26cm〕×2枚
  - 〔持ち手b：横5cm×縦34cm〕×2枚
- 口布、前ポケットa、持ち手a…ローン
  - 〔口布：横28cm×縦8cm〕×2枚
  - 〔前ポケットa：横16cm×縦14cm〕×1枚
  - 〔持ち手a：横8cm×縦34cm〕×2枚
- 前ポケットb…シーチング〔横16cm×縦14cm〕×1枚
- 後ろポケット…綿ポリエステル〔横16cm×縦18cm〕×2枚
- 接着芯…中薄手〔横16cm×縦14cm〕×1枚
- バイアステープ…11mm幅ふちどり（四つ折り）〔長さ75cm〕
- タグ…1枚

製図

＊袋布のみ型紙があります。
　その他は直接布に線を引いて裁断してください
＊型紙に縫い代は含まれています
＊単位はcmです
＊縫い代はすべて1cmです
＊袋布と持ち手の中心に合印をつけます
＊前ポケットaのうらに接着芯を貼ります

接着芯

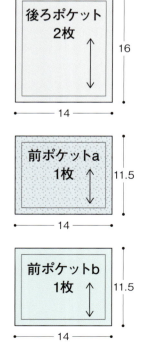
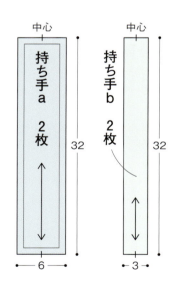
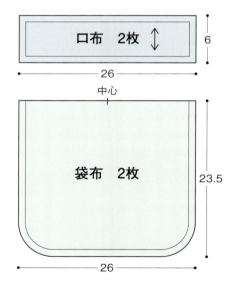

準備

＊口布にアイロンをかけます

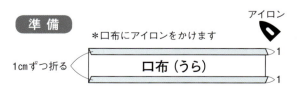

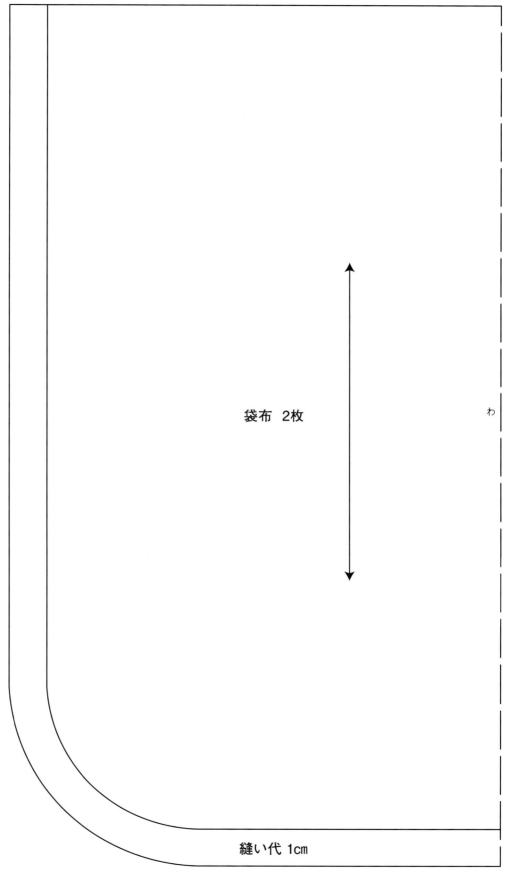

作り方

1 持ち手を縫う

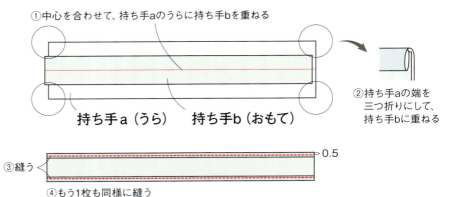

2 ポケットを縫う

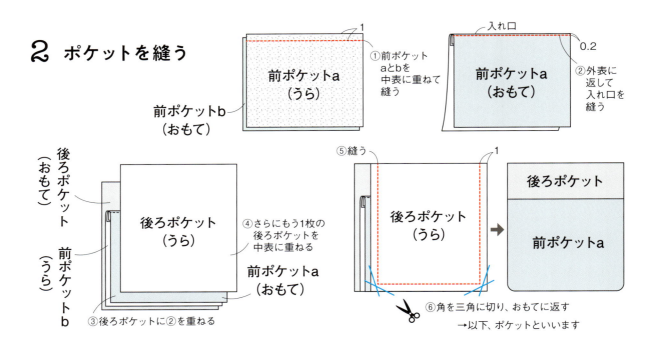

3 袋布にポケットと持ち手をつける

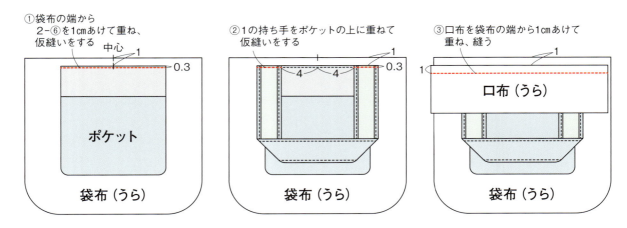

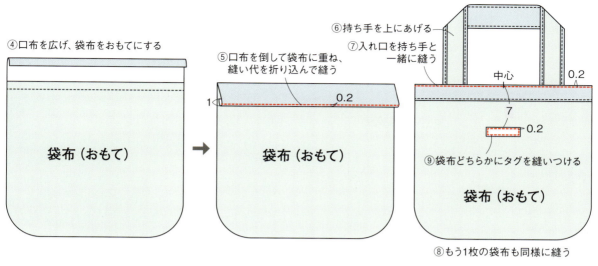

4 袋布を縫い合わせる

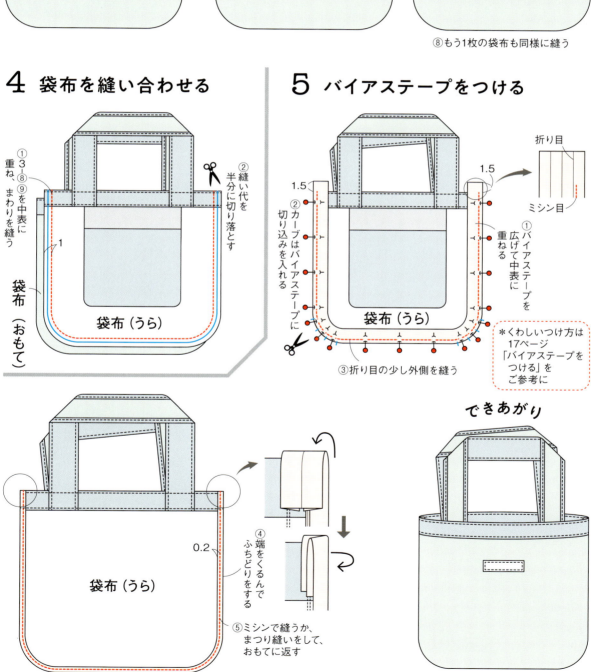

5 バイアステープをつける

できあがり

N
保温・保冷ができる ランチバッグ

Difficulty level
★★★

おにぎりケースが2個入る。小腹が空いたときに…。

上／内布に保温・保冷用シートを使っています。下／マチは11cm。幅9cmのお弁当箱が入ります。

タックやギャザーが入ったグラニーバッグを、ランチボックス用にアレンジしたバッグです。ミニのお弁当箱が入るサイズですが、型紙を120％にすると、長財布が入るひとまわり大きいサイズが作れます。

N 保温・保冷ができるランチバッグ

Difficulty level ★★★

作り方を動画でチェック

材料 ＊薄い桃色の場合（写真）

- ○表布…オックス〔横28cm×縦40cm〕×1枚
- ○表見返し…シーチング〔横28cm×縦9cm〕×2枚
- ○内布、内見返し…保温保冷シート
  〔**内布**：横28cm×縦40cm〕×1枚
  〔**内見返し**：横28cm×縦9cm〕×2枚
- ○接着芯…中厚手〔横28cm×縦57cm〕×1枚
- ○持ち手…ポリエステルテープ〔3cm幅・長さ110～120cm〕
- ○つなぎ目かくし…シーチング〔横4.5cm×縦6cm〕×1枚
- ○ファスナー…コイルチェーンファスナー1本〔長さ30cm〕

製図

＊見返し、表布と内布の一部だけ型紙〔斜線〕があります。
　一部と組み合わせて型紙を作るか、直接布に線を引いて
　裁断してください
＊型紙に縫い代は含まれています
＊単位はcmです
＊縫い代はすべて1cmです
＊表布と表見返しのうらに接着芯を貼ります
　接着芯

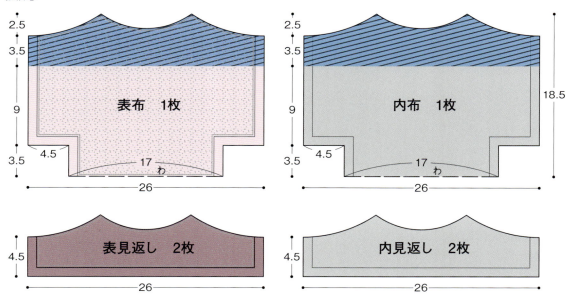

つなぎ目かくし

実物大型紙

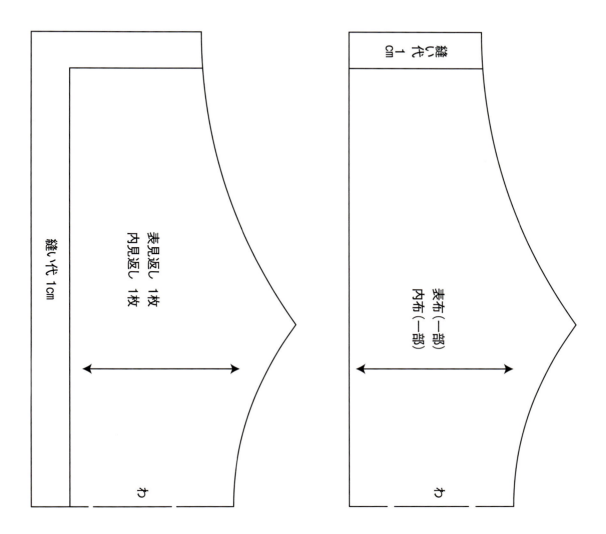

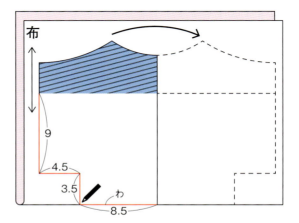

＊型紙の一部を布に置き、足りないところは布に直接線を引いて裁断してください。
また、半分を写したあと、反転させて逆側も写してください

作り方

1 表布と内布の脇とマチを縫う

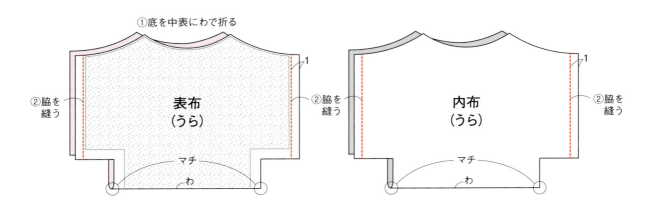

2 見返しにファスナーをつける

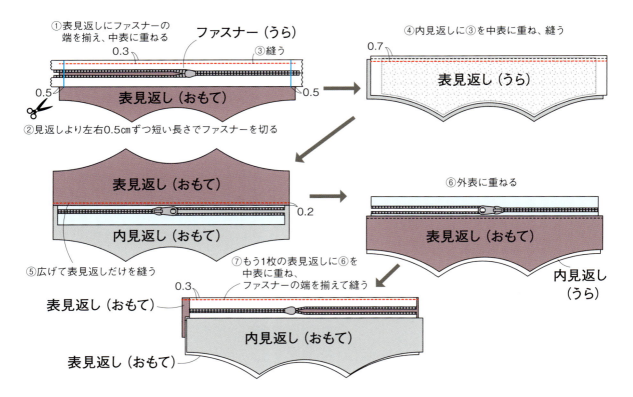

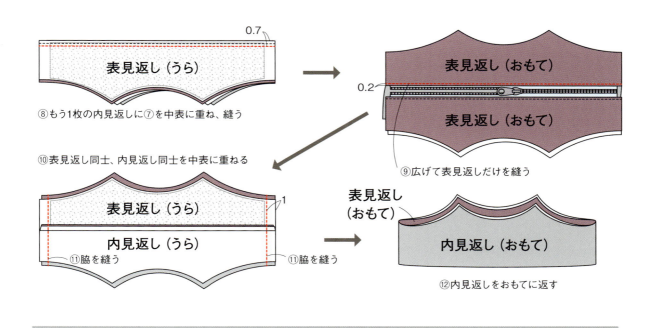

3 表布、内布に見返しを縫い合わせる

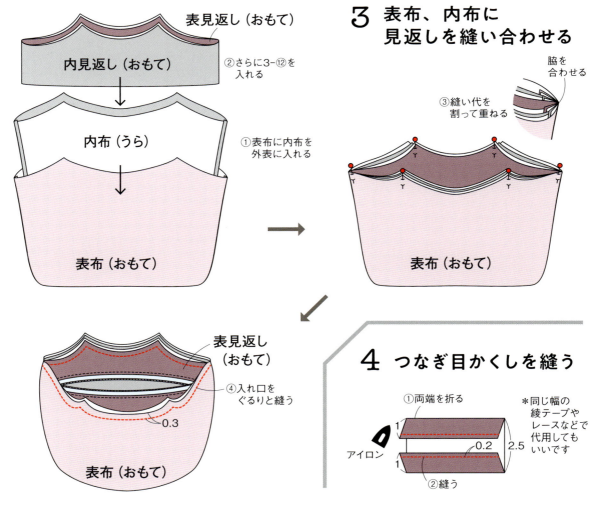

4 つなぎ目かくしを縫う

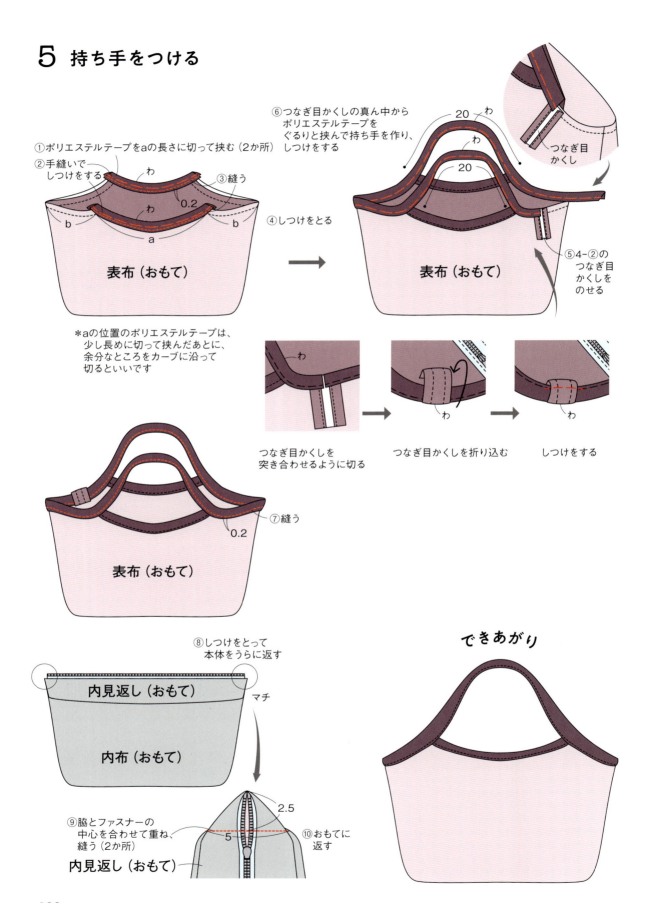

太めのショルダーで安定感。両手をあけて身軽になれる。

ミニじゃない **SPECIAL**

横26㎝、高さ16㎝、マチ5㎝。お買い物にも連れていける、ミニじゃないサイズ。
＊マチは入れた荷物の量によって変化します

o ちょっとしたおでかけに
三日月ショルダーバッグ

Difficulty level ★★★

たくさんのタックを寄せて作る、三日月形のショルダーバッグです。ミニだけを集めたこの本の最後に、ミニじゃないバッグをご紹介します。身の回りのものがたっぷり入るので、使い勝手は抜群です。本書だけのオリジナル作品で、読者限定の動画もあります。動画を見ながら作りたい方は、ぜひアクセスしてみてください。

交通系ICカードや小物が入れられるサイドポケットつき。

O 三日月ショルダーバッグ

Difficulty level ★★★

 読者限定動画です

材料
＊紺色の場合（写真）

- 表布、力布…綿麻キャンバス〔表布：横35cm×縦25cm〕×2枚
  〔力布：横15cm×縦13cm〕×1枚
- 内布、ポケット…シーチング〔内布：横35cm×縦25cm〕×2枚
  〔ポケット：横22cm×縦30cm〕×1枚
- 接着芯…中薄手〔横67cm×縦65cm〕×1枚
- ファスナー…両開き玉つきコイルファスナー1本〔長さ30cm〕
- カバンテープ…アクリルテープ〔25mm幅・長さ130cm〕
- 角カン…1個〔内寸25mm〕
- 送りカン…1個〔内寸25mm〕

製図

＊型紙に縫い代は含まれています
＊単位はcmです
＊縫い代はすべて1cmです
＊すべての布のうらに接着芯を貼ります
＊表布と内布に中心の合印をつけ、ひだを折るための線を引きます

▨ 接着芯

表布、内布 各2枚　32 中心　23

ポケット 2枚　20　12.2

力布 4枚　5.3　4.5　6

準備

ファスナーに印をつけます

0.7　中心　うらにできあがり線を引く
0.7　中心の印をつける

実物大型紙

縫い代 1cm

力布 4枚

ポケット 2枚　わ　縫い代 1cm

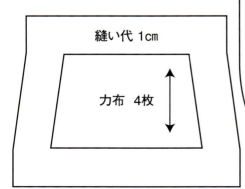
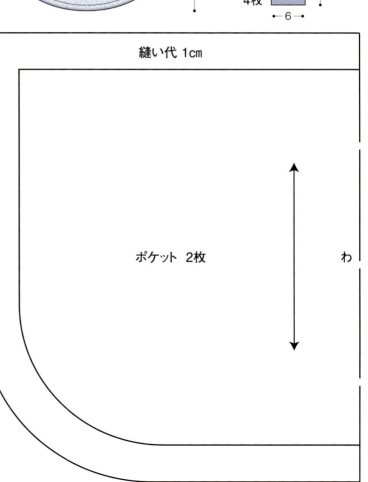

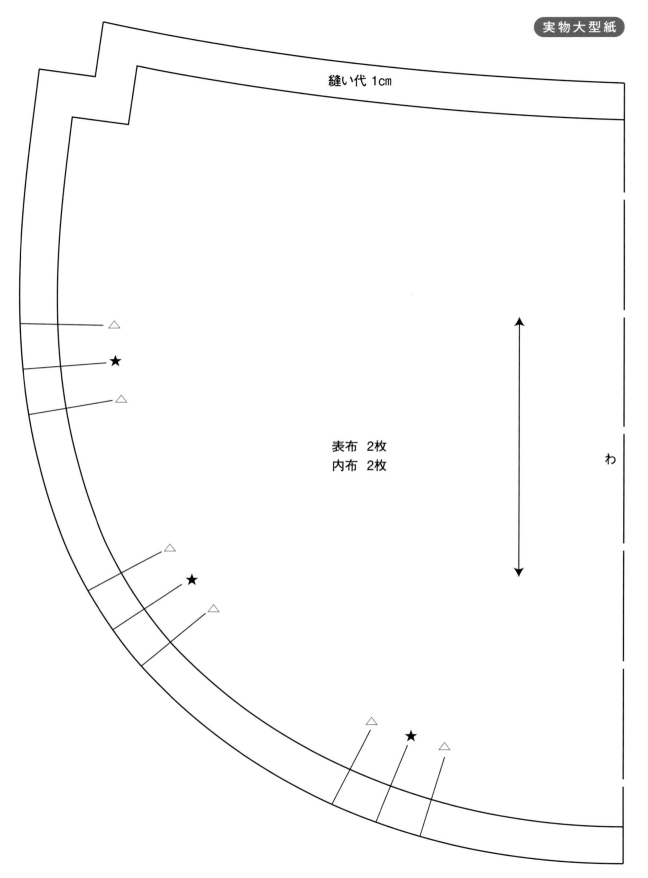

作り方

1 ポケットを縫う

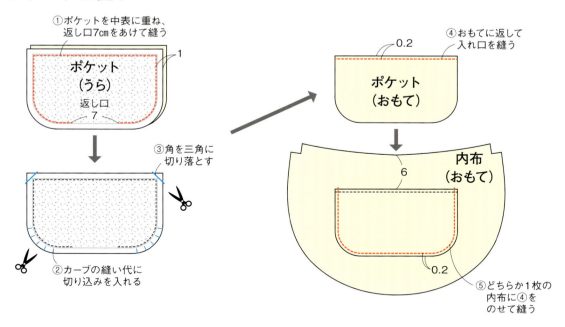

2 ひだを作る

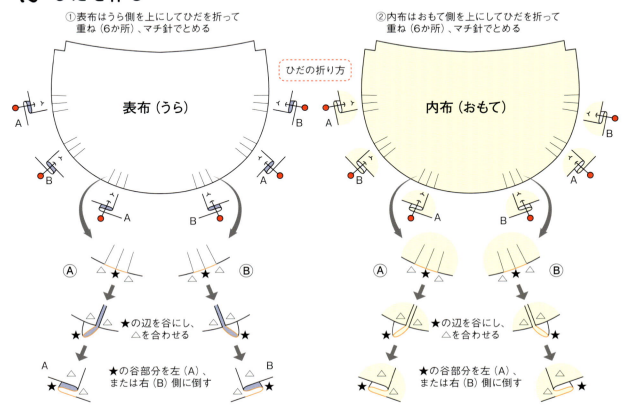

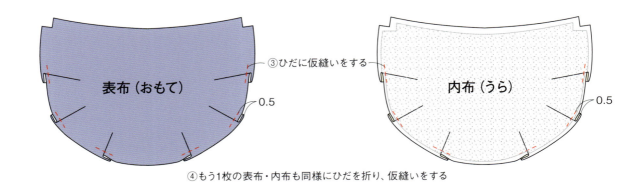

③ひだに仮縫いをする

0.5

④もう1枚の表布・内布も同様にひだを折り、仮縫いをする

3 ファスナーをつける

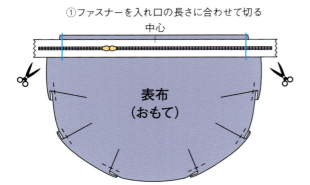

① ファスナーを入れ口の長さに合わせて切る

② 表布の端から0.3cmあけてファスナーを中表に重ね、ファスナー端から0.2cmのところを縫う

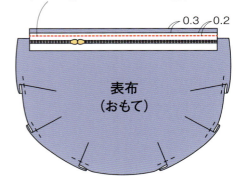

③ ②に内布を中表に重ねて縫う

④ 表布と内布を外表に重ねて縫う

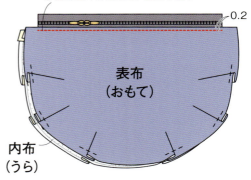

⑤ もう1枚の表布の端から0.3cmあけて④を中表に重ね、ファスナー端から0.2cmのところを縫う

⑥ もう1枚の内布を⑤に中表に重ねて縫う

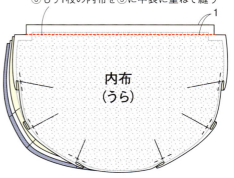

108

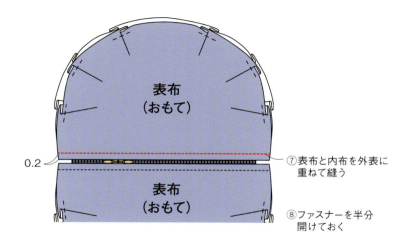

4 表布と内布を縫い合わせる

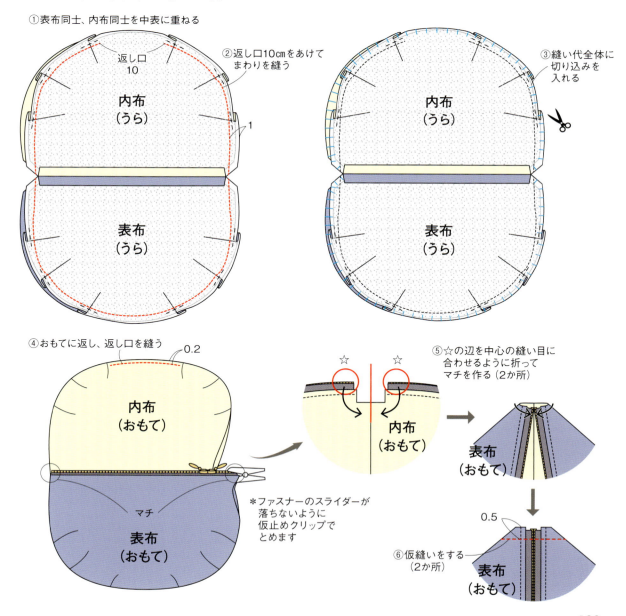

5　力布とテープをつける

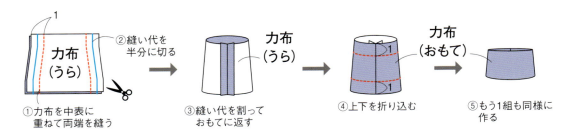

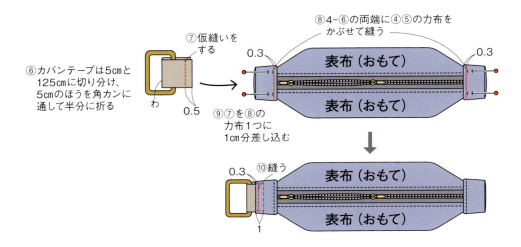

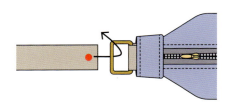

⑪125cmのカバンテープの端を⑩の角カンに通す

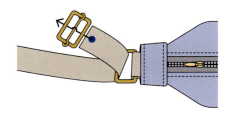

⑫角カンに通したカバンテープの端を、送りカンに通す

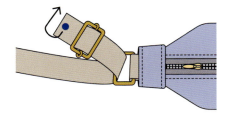

⑬うらに返す

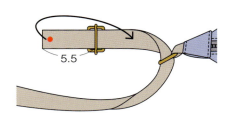

⑭テープの端を5.5cm折り返す

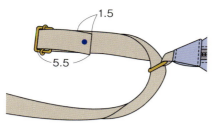

⑮さらに端を1.5cm折り返す

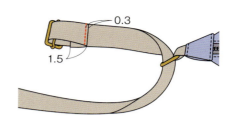

⑯折り返し部分を縫う

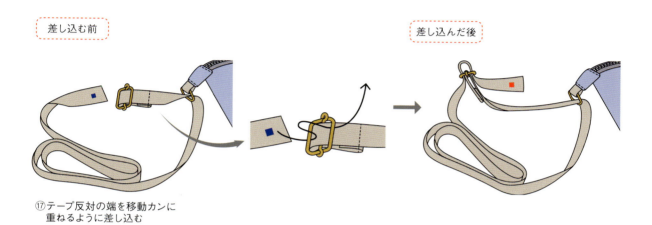

差し込む前　　　　　　　　　　　　　　　差し込んだ後

⑰テープ反対の端を移動カンに
　重ねるように差し込む

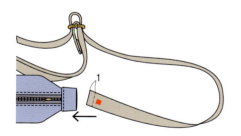

⑱テープ端を、⑧のもう一方の力布に1cm差し込む

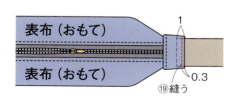

⑲縫う

できあがり

111

Profile

はりもぐら。

布小物のデザインを考えるのが好きなハンドメイド作家。
ポーチやバッグをはじめ、ランチ・キッチンアイテムや
アクセサリーなど、数多くの作品を考案している。
飽きのこないシンプルなデザインや、使い勝手の良さ、
参考にしたい素敵な布合わせなどが好評。
YouTubeチャンネル「はりもぐら。のおうち時間」で、
毎月ハンドメイドレシピを配信中。おしゃれでかわいい作品と、
初心者にもわかりやすい解説にファンが多く、
チャンネル登録者数は25万人を超える（2025年6月現在）。
著書に『ハンドメイドを楽しむ 毎日使いたい
ポーチとバッグとかわいい小物』（マイナビ出版）がある。

YouTube　YouTube.com/@harimogu/videos
Instagram　@harimogu0415

Staff

装丁・デザイン	平木千草
撮影	寺岡みゆき
	はりもぐら。(P.11、16-19、27、56-59、83)
スタイリング	露木藍
モデル	赤坂由梨
ヘアメイク	遠藤芹菜
イラスト・型紙トレース	ウエイド手芸制作部
校正	麦秋新社
編集・構成	大西史恵
編集統括	田中悠香（ワニブックス）

衣装協力
Bluene　03-6812-9325

撮影協力
AWABEES　03-6434-5635
UTUWA　03-6447-0070

大人に似合う
ミニバッグとミニポーチ

著者　はりもぐら。

2024年10月1日　初版発行
2025年7月20日　3版発行

発行者　髙橋明男
発行所　株式会社ワニブックス
　　　　〒150-8482
　　　　東京都渋谷区恵比寿4-4-9　えびす大黒ビル
　　　　ワニブックスHP　https://www.wani.co.jp/

お問い合わせはメールで受けつけております。
HPより「お問い合わせ」へお進みください。
※内容によりましてはお答えできない場合がございます。

印刷所　株式会社美松堂
製本所　ナショナル製本

定価はカバーに表示してあります。
落丁・乱丁の場合は小社管理部宛にお送りください。
送料は小社負担でお取り替えいたします。
ただし、古書店等で購入したものに関してはお取り替えできません。
本書の一部、または全部を無断で複写・複製・転載・公衆送信
することは法律で定められた範囲を除いて禁じられています。

©はりもぐら。2024　ISBN978-4-8470-7486-8